Go Vista
INFO GUIDE

Estland

von Christian Nowak

Christian Nowak, 1954 in Berlin geboren, veröffentlicht seit 1984 Reportagen und Fotos. Zudem sind bereits mehr als 50 Reiseführer und Bildbände von ihm erschienen. Seine Schwerpunkte liegen in Skandinavien und im Baltikum. Darüber hinaus interessieren ihn Inseln weltweit – von Irland über die Lofoten bis zu den Kapverden. Er ist Mitglied des Berliner Redaktionsbüros »Die Reisejournalisten« (www.die-reisejournalisten.de) und Mitherausgeber des Internetportals Weltreise-Journal (www.weltreisejournal.de).

www.vistapoint.de

Willkommen & Top 10

Chronik

Stadttour Tallinn mit Detailkarte

Vista Points – Sehenswertes

Reiseregionen, Orte und Sehenswürdigkeiten

Service von A–Z

Zeichenerklärung

Top 10
Das sollte man gesehen haben, s. vordere und hintere Umschlagklappe.

Vista Point
Reiseregionen, Orte und Sehenswürdigkeiten

Symbole
Verwendete Symbole s. hintere innere Umschlagklappe.

Kartensymbol: Verweist auf das entsprechende Planquadrat der ausfaltbaren Landkarte bzw. der Detailpläne im Buch.

Willkommen in Estland

Von den Fesseln des Kommunismus und der Fremdherrschaft befreit, hat das kleine Land am nordöstlichen Rand Europas eine schier unglaubliche Entwicklung genommen. Das graue Einerlei ist farbenfroher Lebensfreude gewichen. In Riesenschritten haben die Esten den Weg zurück nach Europa geschafft, und selbstbewusst nimmt der »Tigerstaat« seit der herbeigesehnten Unabhängigkeit seine Geschicke in die eigenen Hände. Im Jahr 2004 wurde Estland Mitglied der Europäischen Union, 2011 wurde der Euro eingeführt.

Der Aufschwung spiegelt sich auch in der Zahl der Reisenden wider, denn jedes Jahr kommen mehr Touristen, von denen die meisten überrascht und begeistert wieder nach Hause fahren. Kein Wunder, denn Estland steckt voller Schönheiten. Das Schmuckstück und auch das Besuchsziel Nummer eins ist die Hauptstadt Tallinn – seit 1997 UNESCO-Weltkulturerbe – mit mittelalterlichem Altstadtkern und fast südländischem Flair während der hellen Sommermonate. In den engen, mit

Kopfsteinen gepflasterten Gassen pulsiert das Leben und in den Restaurants, Cafés und Kneipen findet man kaum einen freien Platz.

Aber auch die anderen Städte brauchen sich nicht zu verstecken: Die Sommerhauptstadt Pärnu lockt mit einem weiten Sandstrand und exzellenten Kureinrichtungen. Tartu, die zweitgrößte Stadt Estlands, besitzt die älteste Universität des Landes und um den Rathausplatz ein wunderschönes Ensemble klassizistischer Häuser. Auch die Altstadt von Haapsalu auf einer ins Meer vorspringenden Landzunge lohnt mit den bunt gestrichenen Holzhäusern und der Ruine der Bischofsburg aus dem 13. Jahrhundert den Besuch. Ebenso sehenswert ist die alte Hansestadt Narva an der russischen Grenze mit einer Festung.

Außerhalb der Städte ist Estland ein Eldorado für Naturliebhaber und Aktivurlauber, dünn besiedelt und mit weitgehend intakter Natur. Schon ein wenig skandinavisch-herb wirken die Wälder und Moore, endlos und menschenleer sind die meisten Strände entlang der Ostseeküste und an so manchem Binnensee warten schöne Sandstrände auf Entdeckung.

Tere tulemast!

Tallinn – ein mittelalterliches Stadtensemble wie aus dem Bilderbuch

Daten zur Landesgeschichte

Siegel des Schwertbrüderordens

Ab 4000 v. Chr.	Stämme finno-ugrischer Abstammung wandern aus dem Ural in die Gebiete des heutigen Estland und Finnland ein.
Um 600 v. Chr.	Die Wikinger beginnen ihre Raubzüge durch Nordeuropa und das Baltikum.
Ab 500 v. Chr.	Aufkommender Bernsteinhandel mit Südeuropa.
1202	Gründung des Schwertbrüderordens. In den darauf folgenden Jahren erobert und christianisiert diese Ordensgemeinschaft zusammen mit dem Deutschen Orden den Norden Europas.
1219	König Waldemar II. von Dänemark bricht zum Eroberungsfeldzug nach Estland auf und besiegt die Esten beim heutigen Tallinn. In der Folgezeit beginnt die Christianisierung Nordestlands.
1230	Die Stadt Reval, das heutige Tallinn, wird vom Schwertbrüderorden und deutschen Kaufleuten gegründet.
1237	Der Schwertbrüderorden geht im Deutschen Orden auf.
1248	Reval erhält Lübisches Recht, das bis ins 19. Jahrhundert Grundlage aller Rechtsgeschäfte blieb.
Um 1280	Reval wird Mitglied der Hanse.
1346	Dänisch-Estland wird von den Dänen an den Deutschen Orden verkauft. Dadurch entsteht der Livländische Staatenbund Altlivland unter politischer und militärischer Führung des Deutschen Ordens. Der Staatenbund ist in fünf Territorien, die Bistümer Dorpat, Oesel-Wiek, Kurland, Deutscher Orden und Riga aufgeteilt.
1370	Der Friede von Stralsund geht mit der Blütezeit der Hanse einher. Die fünf bedeutendsten Städte Est-

Deutschordensritter auf einer Miniatur aus dem Codex Manesse (1305–40)

lands, Reval (Tallinn), Dorpat (Tartu), Fellin (Viljandi), Pernau (Pärnu) und Narva sind Mitglieder der Hanse, deutsch geprägt und organisiert.

1492 Iwan III. lässt am russischen Ufer des Grenzflusses Narva die mächtige Festung Iwangorod errichten. Ihr gegenüber liegt am estnischen Ufer die Ordensfeste. Beide Verteidigungsanlagen sind bis heute erhalten.

1523 Erste lutherische Prediger erreichen Reval (Tallinn) und bringen die Reformation nach Estland, die sich daraufhin sowohl bei den deutschen Kaufleuten als auch bei den Esten durchsetzt.

1535 Erstmals erscheint ein Buch, ein lutherischer Katechismus, in estnischer Sprache.

1558–82 Der Livländische Krieg bringt das Ende des Ordensstaates. Zar Iwan IV., auch der Schreckliche genannt, fällt in Estland und Livland ein und schlägt den Deutschen Orden vernichtend. Reval (Tallinn) unterwirft sich zum Schutz vor den russischen Truppen dem schwedischen König, der die Privilegien der Ritterschaft garantiert. Der Süden Estlands um das heutige Tartu wird zusammen mit Lettland polnisches Lehen.

1582–84 Die Schweden vertreiben die Russen und bringen bis 1645 das gesamte heutige estnische Staatsgebiet unter ihre Herrschaft.

In der Folgezeit werden die Machtbefugnisse des deutsch-baltischen Adels eingeschränkt.

1600–29 Polnisch-schwedischer Krieg, der mit dem Frieden von Altmark zu Ende geht. Für Estland und große Teile Lettlands beginnt somit die Schwedenzeit.

1632 Gründung der Universität Dorpat (Tartu) durch den schwedischen König Gustav II. Adolf.

1700–21 Im Nordischen Krieg siegt Russland gegen Schweden. Der russische Zar Peter I. erobert Estland und Reval, das heutige Tallinn. Ab 1710 beginnt die rund 200-jährige Zarenzeit im Baltikum. Im Frieden von Nystad wird Estland 1721 endgültig an das russische Zarenreich angegliedert, dieser Anschluss bleibt bis 1918 bestehen.

Schweden-König Gustav II. Adolf

Unter Zar Peter I. kann der Adel seine von den Schweden eingeschränkten Privilegien wieder erweitern. Als Ergebnis der Aufklärung und auf Druck von Zar Alexander I. erfolgt eine Agrarreform.

Zar Peter der Große von Russland (1672–1725)

1802 Die im Nordischen Krieg geschlossene Universität von Dorpat (Tartu) kann dank der Hilfe von Kaiser Alexander I. von Russland und der estländischen und livländischen Ritterschaft den Lehrbetrieb wieder aufnehmen.

1802–65 Mehrere Agrarreformen führen zur Bildung eines freien Bauernstandes, zwischen 1816 und 1820 wird die Leibeigenschaft in Estland, Kurland und Livland abgeschafft.

1857 Das estnische Nationalepos »Kalevipoeg« erscheint.

Ab 1869 Die Gründung der estnischen Sängerfeste geht einher mit einem »nationalen Erwachen«.

Ab 1885 Die Russifizierung erreicht ihren ersten Höhepunkt. Russisch wird als Behörden- und Unterrichtssprache eingeführt, auch die Universität Dorpat wird russisch.

1914–18 Während des Ersten Weltkriegs wird das gesamte Baltikum von deutschen Truppen besetzt. Mit dem Beginn der Oktoberrevolution 1917 in Russland entsteht in Estland eine nationale Bewegung.

24.2.1918 Ausrufung der Republik Estland, erster Ministerpräsident ist Konstantin Päts. Doch vorerst bleibt dieser Beschluss ohne große Wirkung, die eigentliche Unabhängigkeit wird erst im Freiheitskrieg von 1918–20 erkämpft. Der 24. Februar ist heute der Nationalfeiertag Estlands.

2.2.1920 Im Friedensvertrag von Tartu erkennt die Sowjetunion die Unabhängigkeit Estlands an, die Grenzen werden neu festgelegt.

1920–39 Aufbau des neuen, demokratischen estnischen Staates mit einem starken Parlament. Deutsche werden zur nationalen Minderheit. Schon 1919 führt eine Agrarreform zur Enteignung der deutschen Großgrundbesitzer. 1922 werden die baltischen Staaten in den Völkerbund aufgenommen. In der Folgezeit wird Estland politisch zunehmend instabiler, das Parteiensystem zersplittert. Im Jahr 1934 führt ein Staatsstreich zur Einführung eines autoritären Regimes unter Präsident Konstantin Päts, das sich bis 1939 halten kann.

1939 Die Sowjetunion und Deutschland verhandeln über die Zukunft des Baltikums. In einem geheimen Zusatzprotokoll zum Hitler-Stalin-Pakt kommen die beiden Großmächte überein, das Baltikum und Finnland der sowjetischen Interessenssphäre zuzuschlagen. Umsiedlung der Deutschbalten aus Estland und Lettland. Allen baltischen Staaten werden von der Sowjetunion Beistandspakte aufgezwungen.

1940 Einmarsch sowjetischer Truppen, Besetzung und Eingliederung in die Sowjetunion als estnische SSR. Erste große Verfolgungs- und Deportationswelle gegen die estnische Intelligenz setzt ein.

1941–44 Die Deutschen besetzen Estland. Selbstständigkeitsbestrebungen des Landes werden unterdrückt, estnische Juden ermordet, Esten zum Militärdienst einberufen und das Land wirtschaftlich ausgebeutet.

1944–49 Erneute Besetzung durch sowjetische Truppen. Es folgen weitere Deportationen und politische Säuberungen. Während des Zweiten Weltkriegs verliert Estland rund ein Viertel seiner Bevölkerung. Ab 1945 Beginn des Partisanenkampfes in allen baltischen Ländern gegen die russischen Besatzer. 1949 erneute Massendeportationen nach Sibirien.

1980 Die Segelwettbewerbe der Olympischen Spiele von Moskau finden in Pirita bei Tallinn statt. Aus diesem Anlass wird der Fernsehturm erbaut und die mittelalterliche Altstadt saniert.

1987 Erste öffentliche Proteste gegen die Sowjetherrschaft in Tallinn. Unter »Glasnost« und »Perestroika« wird die »Singende Revolution« immer stärker.

1988 Gründung von Volksfronten in allen drei baltischen Staaten. Souveränitätserklärung des Obersten Sowjets der Estnischen SSR, der den Vorrang der estnischen Gesetze festlegt.

1989 Rund eine Million Menschen bilden eine 600 Kilometer lange Menschenkette durch das Baltikum von Tallinn über Riga bis nach Vilnius. »Der Baltische Weg« ist auch ein Protest gegen die Nichtannullierung des Hitler-Stalin-Paktes.

1990 Wahlen zum Estnischen Kongress, einem Parallelparlament aller Personen mit estnischer Staatsangehörigkeit nach den Gesetzen der Vorkriegszeit. Dieser

Kongress löst den Obersten Sowjet der Estnischen SSR ab.

1991 Der Vorsitzende des Obersten Rates der Republik Estland, Arnold Rüütel, und Präsident Boris Jelzin unterzeichnen in Moskau den estnisch-russischen Grundlagenvertrag. Referenden in allen drei baltischen Ländern ergeben eine deutliche Mehrheit für die Unabhängigkeit. In Estland stimmen 77,8 Prozent der Bevölkerung dafür.

Anerkennung der Unabhängigkeit der drei baltischen Staaten durch die Sowjetunion. Wiederherstellung der diplomatischen Beziehungen mit der Bundesrepublik Deutschland, Akkreditierung des ersten deutschen Botschafters, Unterzeichnung der KSZE-Schlussakte, Aufnahme Estlands in die Vereinten Nationen.

1992 Einführung einer eigenen Währung, der estnischen Krone. Referendum über die neue estnische Verfassung, die am 3. Juli in Kraft tritt. Im September werden Parlaments- und Präsidentschaftswahlen abgehalten. Lennart Meri wird vom Parlament zum Staatspräsidenten gewählt.

1993 Aufnahme Estlands in den Europarat.

1994 Abzug der letzten russischen Truppen aus dem Baltikum. Untergang der »Estonia«. Das schwerste Schiffsunglück der europäischen Nachkriegsgeschichte fordert im September 852 Menschenleben. Auch heute ranken sich noch immer zahlreiche Geschichten und Gerüchte um die Ursache der Katastrophe.

1995 Assoziierungsvertrag der baltischen Staaten mit der EU.

1997 Die Altstadt von Tallinn wird von der UNESCO in die Liste des Weltkulturerbes aufgenommen.

1998 Beginn der Beitrittsverhandlungen Estlands mit der EU.

2003 Referenden in allen drei baltischen Staaten zum EU-Beitritt, in Estland stimmen 67 Prozent mit Ja.

2004 Estland wird im März Mitglied der NATO und tritt im Mai der EU bei. Außenpolitisch orientiert sich Estland an den skandinavischen Ländern.

2005 Bundespräsident Horst Köhler nimmt an der Einweihung der wieder aufgebauten Johanneskirche in Tartu teil.

2006 Das Estnische Kunstmuseum KUMU im Tallinner Vorort Katharinental wird feierlich eröffnet.

2011 Am 1. Januar wird der Euro eingeführt. Tallinn ist Europäische Kulturhauptstadt.

Bei der Parlamentswahl wird das bisherige Regierungsbündnis aus der liberalen Estnische Reformpartei und der konservativen Isamaa ja Res Publica Liit bestätigt. Ministerpräsident bleibt der seit 2005 regierende Andrus Ansip (Reformpartei).

2014 Bei dem alle fünf Jahre in Tallinn stattfindenden Liederfest werden mehr als 20 000 Sänger und 70 000 Zuschauer erwartet. ■

Als besterhaltene mittelalterliche Stadt Nordeuropas steht die Altstadt von Tallinn auf der Liste des UNESCO-Weltkulturerbes

Ein Rundgang durch die estnische Hauptstadt

1 Tallinn ist nicht nur auf dem Papier die Hauptstadt Estlands. Mit gut 400 000 Einwohnern ist es die größte Stadt des Landes, besitzt den wichtigsten Hafen, fungiert als Verkehrsknotenpunkt und Kulturmetropole. Es ist aber auch eine Stadt mit zwei Gesichtern – einem historischen und einem modernen. Seit der Unabhängigkeit hat Tallinn sich verändert und mächtig herausgeputzt.

In den hellen Sommernächten sind die Altstadtgassen voller Touristen, die das vielfältige Angebot an Restaurants, Cafés und Kneipen nutzen und auch die Kassen der Antiquitätenläden, Galerien und Kunsthandwerker füllen. Außerhalb der Altstadt boomt das moderne Tallinn, entstehen immer mehr Büro- und Warenhäuser, entwickelt sich die Stadt zu einer europäischen Metropole. Allerdings leidet auch Tallinn unter der Wirtschaftskrise, die den Bauboom deutlich verlangsamt hat.

Schon im Mittelalter begann man den Stadtkern zu befestigen, bis schließlich eine 2,4 Kilometer lange, bis zu 16 Meter hohe und zwei bis drei Meter dicke Mauer die Altstadt vollständig umschloss. Dank dieser mächtigen Stadtmauer, in die mehr als 40 Türme integriert waren, war Tallinn einst eine der am besten befestigten Städte im Ostseeraum. Heute ist der Ring der Stadtmauer ein wenig löchrig und auch von den Türmen ist nur noch gut die Hälfte erhalten geblieben.

Innerhalb der Mauern kann man durch Kopfsteinpflastergassen schlendern, die von schönen Häusern aus dem

Am Finnischen Meerbusen, estnisch »Soome Laht«: die estnische Hauptstadt Tallinn

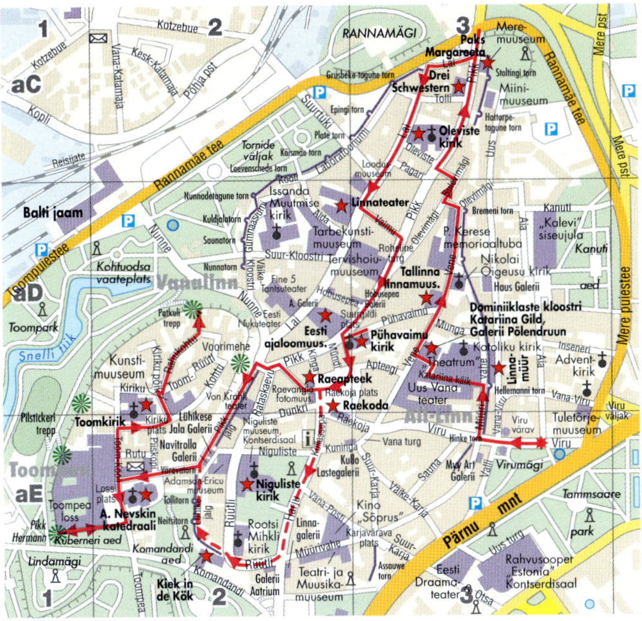

11. bis 15. Jahrhundert gesäumt sind. Dieses mittelalterliche Kleinod hat die Jahrhunderte fast unbeschadet überstanden, dank der starken Mauern und der Verwendung nichtbrennbarer Baumaterialien. So war es auch nicht verwunderlich, dass die UNESCO Tallinn 1997 als besterhaltene mittelalterliche Stadt Nordeuropas in die Liste des Weltkulturerbes aufgenommen hat.

Eine gute Möglichkeit, den Stadtrundgang durch die **Unterstadt** zu beginnen, bietet sich am **Virutor**, durch das man von Osten die Altstadt betritt. Biegt man hinter dem Virutor sofort nach rechts in die Müürivahe-Straße ein, kommt man zum **Wollmarkt**. Hier werden an Ständen, die sich an der Innenseite der Stadtmauer entlangziehen, in erster Linie handgestrickte Pullover, Mützen, Schals und Handschuhe mit typisch estnischen Mustern angeboten.

aE3

Nur wenige Schritte weiter kommt man zur **Katharinengasse** (Katariina käik), die die Straßen Müürivahe und Vene miteinander verbindet. Wo einst die Gilden ihren Sitz hatten, verkaufen heute Kunsthandwerkerinnen hochwertige Souvenirs. In den mittelalterlichen Häusern entlang der engen Gasse kann man z. B. Schneiderinnen und Töpferinnen bei der Arbeit zuschauen. Auf der Vene-Straße, die lange den Namen Mönchsstraße trug, kommt man gleich hinter der Katharinengasse zum **Dominikanerkloster** (Dominiiklaste kloostri), einem der wichtigsten Kulturdenkmäler Tallinns. Während und nach der Reformation wurde ein Großteil des Klosters zerstört, bis heute

aD3

sind ein Teil der Kirche, der Kreuzgang, der Kapitelsaal und Reste des Ostflügels erhalten geblieben.

Geht man nun die Vene-Straße weiter in nördlicher Richtung und folgt danach der Pikk-Straße, erreicht man schließlich die **Dicke Margarete** (Paks Margareeta), einen

aC3 Geschützturm aus dem 16. Jahrhundert. In seinem Innern befindet sich das durchaus sehenswerte **Museum für Seefahrt** (Meremuuseum). Direkt neben der Dicken Margarete schließt sich die **Große Strandpforte** an. Sie war im Mittelalter eine von nur sechs Pforten, durch die man die Stadt betreten oder verlassen konnte. Durchschreitet man sie, kommt man zum Hafen.

Vom nördlichsten Punkt der Altstadt wendet man sich nun in Richtung Süden und folgt der Lai-Straße, in der einige sehr schöne mittelalterliche Bürgerhäuser zu bewundern sind. Doch zunächst gelangt man zur **Olaikirche**

aC3 (Oleviste kirik). Seit der erstmaligen Erwähnung Mitte des 13. Jahrhunderts ist sie mehrmals bis auf die Grundmauern abgebrannt. Ihr heutiges neogotisches Aussehen erhielt sie in der ersten Hälfte des 19. Jahrhunderts. Berühmt war sie seit dem Mittelalter wegen ihres damals 159 Meter hohen Turmes, der bis ins 17. Jahrhundert der höchste der Welt gewesen sein soll.

Die Hausnummer 29 der Lai-Straße trägt das so genannte **Huecksche Haus**. Laut einer Legende soll einst Zar

aD2/3 Peter I. das Haus besucht und auch die beiden Linden davor gepflanzt haben. Das Gebäude mit der Hausnummer 23 und der breiten Vordertreppe beherbergt das **Tallinner Stadttheater** (Linnateater).

Nun biegt man nach links in die Vaimu-Straße ein und gelangt bald wieder zur Pikk-Straße, die man weiter in südlicher Richtung entlanggeht. Mit dem **Haus der Schwarzhäupterbruderschaft** (Nr. 26), dem **Haus der Olaigilde** (Nr. 24), dem **Haus der Kanutgilde** (Nr. 20) und dem **Haus der Großen Gilde** (Nr. 17) kommt man zu einer ganzen Reihe bedeutender Häuser der Tallinner Stadtgeschichte. Im Schwarzhäupterhaus residierten einst die unverheirateten deutschen Kaufleute. Die Fassade ist im Stil der niederländischen Renaissance gehalten und zeigt die Wappen der Hansekontore von Brügge, Novgorod, London und Bergen. In der Olaigilde waren Handwerker schwedischer, finnischer und estnischer Herkunft, in der Kanutgilde deutschstämmige Handwerker und in der Großen Gilde die einflussreichsten Kaufleute und Reeder der Stadt organisiert. Heute ist in dem Gebäude das

aD2 **Museum für Estnische Geschichte** (Eesti Ajaloomuuseum) untergebracht.

Bevor man zum Rathauplatz geht, lohnt noch ein kurzer Abstecher in die Pühavaimu-Straße zur **Heiliggeistkir-**

aD2/3 **che** (Pühavaimu kirik). Es ist die einzige Kirche Tallinns, die ihr Aussehen aus dem 14. Jahrhundert unverändert bewahrt hat. Auffällig ist die bunt bemalte Uhr an der nördlichen Außenwand aus dem Jahr 1864. Das Kircheninnere ist reich im Stil der Gotik verziert. Herausragend wegen seiner Gemälde und farbigen Holzskulpturen ist der Flügelaltar des Lübeckers Bernt Notke aus dem Jahre 1483.

Von der Heiliggeistkirche sind es nur noch wenige Schritte bis zum **Rathausplatz** (Raekoja plats), der seit Jahrhunderten das Zentrum der Altstadt bildet. Hier wurde schon immer gefeiert und Markt abgehalten, aber in früheren Zeiten diente er auch als Hinrichtungsstätte. Heute nehmen im Sommer die Freiluftcafés den Platz in Beschlag, auf ihm finden Open-Air-Konzerte, der Mittelaltermarkt, das Stadtfest und viele andere Kulturveranstaltungen statt.

aD2/3

Der Turm des Rathauses

Gerahmt wird der Rathausplatz lückenlos von mittelalterlichen Häusern, in einem der schönsten ist die **Ratsapotheke** (Raeapteek), eine der ältesten Apotheken der Welt, die erstmals 1422 erwähnt wurde, untergebracht. Sie verkauft immer noch Arzneimittel, ein kleines Museum zeigt medizinische Kuriositäten vergangener-Jahrhunderte.

Das gotische **Rathaus** (Raekoda) ist eines der Wahrzeichen Tallinns und wurde erstmals 1322 urkundlich genannt. Noch heute wird es für feierliche Empfänge genutzt. Lohnend ist der Aufstieg über die Wendeltreppe des schlanken, achteckigen Rathausturmes, denn von der Aussichtsplattform überblickt man die ganze Stadt.

Den Rundgang durch die Unterstadt sollte man mit einem Besuch des Restaurants **Olde Hansa** beschließen. Im Kerzenlicht sitzt man an langen Holztischen auf Wildschweinfellen und lässt sich bei leiser mittelalterlicher Musik saftige Stücke von Wildschwein oder Lachs schmecken. Dazu passt vorzüglich ein Honigbier.

Im Mittelalter existierten innerhalb der Altstadtmauern zwei getrennte Siedlungen: die **Unterstadt** und der **Domberg** (Toompea). In der Unterstadt wohnten und arbeiteten die Kaufleute und Handwerker, auf dem Domberg residierten die Adligen und die Geistlichkeit.

aD/aE 1/2

Domberg

Von der Unterstadt erreicht man den Domberg auf zwei verschiedenen Wegen, über das **Lange Bein** (Pikk jalg) und das **Kurze Bein** (Lühike jalg). Über das Lange Bein gelangten früher die Kutschen auf den Domberg, Fußgänger nahmen die Treppenstufen des Kurzen Beins.

Schon Anfang des 11. Jahrhunderts begannen die Dänen nach der Eroberung der estnischen Festung auf dem Domberg eine **Burg** zu errichten. Sie sollte für mehrere Jahrhunderte der Sitz der jeweiligen Staatsmacht werden – hier residierten deutsche Ordensritter, dänische und schwedische Könige und russische Kaiser. Die Burg wurde im Laufe ihrer langen Geschichte mehrfach zerstört und umgebaut, ihr heutiges, spätbarockes Aussehen erhielt sie im 18. Jahrhundert von Katharina II. Heute wird der Bau als Sitz der estnischen Regierung und des Parlaments genutzt. Die mittelalterliche Ordensburg besaß einst vier Wehrtürme, von denen nur der **Lange Hermann** (Pikk Hermann) an der Südwestspitze der Festung vollständig erhalten geblieben ist, auf dessen Spitze weht seit 1989 wieder die blau-schwarz-weiße Staatsfahne von Estland.

aE1

Die orthodoxe Alexander-Newski-Kathedrale in Tallinn

aE2

Gegenüber der Burg erhebt sich die reich geschmückte, orthodoxe **Alexander-Newski-Kathedrale** (Aleksander Nevskin katedraali). Sie wurde Ende des 19. Jahrhunderts an prominenter Stelle errichtet, um der Russifizierungspolitik des Zarenreiches Nachdruck zu verleihen. Die größte Kuppelkirche Tallinns prägt schon aus der Ferne die Silhouette der Stadt.

aD/aE2

Über die Toom-Kooli tänav, die Schulstraße, gelangt man zur **Domkirche** (Toomkirik) St. Marien. Eine Holzkirche hat hier wohl schon Anfang des 11. Jahrhunderts gestanden, der Dom, wie er sich heute präsentiert, stammt aus der Mitte des 15. Jahrhunderts. Erst 1779 wurde der spätbarocke Westturm hinzugefügt. Im Innern der Kirche fallen an den Wänden die aufwändig verzierten Wappen deutschbaltischer Adelsfamilien auf, sehenswert sind auch die Grabplatten bekannter Persönlichkeiten.

Auf dem Domberg residierte seit dem Mittelalter der estnische Landadel, so ist es kein Wunder, dass im Laufe der Zeit viele prachtvolle Stadtpaläste entstanden. Die meisten erhielten nach dem Brand von 1684 ihr heutiges, klassizistisches Äußeres.

aD2

Lohnend ist ein Abstecher zu einer der **Aussichtsterrassen**. Diejenige am nördlichen Ende des Domberges liegt direkt an der Patkul-Treppe. Von hier hat man einen schönen Blick auf die Stadtmauer, die Olaikirche und den Hafen. Von der Aussichtsterrasse an der Gerichtsstraße schaut man in östlicher Richtung über die Dächer der Altstadt und hat den Torturm des Langen Domberges direkt unter sich. Der Blick kann bei klarer Sicht aber noch viel weiter schweifen, mit etwas Glück sieht man auch große Teile des modernen Tallinn wie die Vororte Pirita, Kadriorg und Lasnamäe.

Katharinental/Kadriorg

Der grüne Stadtteil Katharinental liegt ca. drei Kilometer östlich der Altstadt und ist gut zu Fuß oder mit der Tram Nummer 1 und 3 zu erreichen. Wegen der Nähe zum Meer und den ausgedehnten Parks schätzen die Tallinner Kadriorg am Wochenende als Naherholungsgebiet. Die größte Sehenswürdigkeit ist das prächtige **Barockschloss Kadriorg**, das Zar Peter I. Anfang des 18. Jahrhunderts für seine Frau Katharina als Sommerresidenz errichten ließ. Mit dem Bau des Schlosses beauftragte er den italienischen Architekten Niccolo Michetti. Für Michetti war es der erste Auftrag am Zarenhof, doch Kadriorg gefiel dem Herrscher so gut, dass weitere Aufträge folgten. Bald stieg Michetti zu einem der bekanntesten Architekten Russlands auf.

bB1

In den Innenräumen ist eine Dependance des **Estnischen Kunstmuseums** (Kadrioru Kunstimuuseum) untergebracht, gezeigt wird eine Sammlung ausländischer Gemälde. Bemerkenswert ist auch die kunstvoll mit Stuck verzierte Decke des zentralen Weißen Saales. Das Schloss Kadriorg ist von einem weitläufigen Park umgeben. In unmittelbarer Nähe liegt der später im gleichen Stil erbaute **Präsidentenpalast**. Auch drei kleinere Museen, das **Sommerhaus Peters des Großen** (Peeter I majamuuseum), das **Mikkel Museum** (Mikkeli muuseum) und das neue **Park Museum** lohnen einen Besuch.

bB1

Nur wenige Schritte entfernt befindet sich das **Estnische Kunstmuseum** (Kumu Kunstimuuseum), ein architektonisch höchst interessanter Bau des finnischen Architekten Pekka Vapaavuori, das 2006 eröffnet wurde. Es beherbergt die größte Sammlung estnischer Kunst und fungiert als Nationalgalerie. Über das Jahr verteilt werden auch mehrere Wechselausstellungen gezeigt. Nicht entgehen lassen sollte man sich einen Bummel durch die Straßen von Kadriorg wegen der vornehmen Sommerresidenzen und der alten Holzhäuser. Besonders lohnend sind die Straßen Weizenbergi, Koidula, Köleri und Poska.

bB1

Pirita

Auf dem Weg von Kadriorg zum Pirita-Fluss kommt man vorbei an der riesigen **Sängerbühne**, auf der 30 000 Sänger Platz finden, und am **Schloss Maarjamäe**, einem pseudogotischen Gutshaus, das Teil des Estnischen Historischen Museums (Maarjamäe/Eesti ajaloomuuseum) ist und die Geschichte des 19. und 20. Jahrhunderts beleuchtet.

bA/bB 1

Der Stadtteil Pirita, in dem die olympischen Segelwettbewerbe 1980 ausgetragen wurden, erhielt seinen Namen von dem 1407 gegründeten **Nonnenkloster** (Pirita kloostri varemed), das der heiligen Birgitta geweiht war. Doch das einst größte Kloster Altlivlands ist seit der Belagerung durch Iwan den Schrecklichen im Jahr 1577 nur noch eine Ruine. Erhalten geblieben sind lediglich der mächtige Westgiebel und einige Mauerreste. Im Sommer finden im Klosterhof Theateraufführungen statt.

bA2

Pirita mit seinem drei Kilometer langen Sandstrand, dem Yachthafen und dem weitläufigen Park ist für die Tallinner ein beliebtes Naherholungsziel, das sich hervorragend zum Radfahren, Surfen, Segeln und Skaten eignet.

Ein Stück landeinwärts – umgeben von viel Grün – lohnen der **Botanische Garten** (Tallinna botaanikaaed) und der **Fernsehturm** (Tallinna teletorn) einen Besuch. ■

B7

Service-Informationen zu Tallinn

aE2

Tallinn Tourist Information Center
Niguliste 2/Kullassepa 4, 10146 Tallinn
✆ 645 77 77, www.tourism.tallinn.ee
Mai–Mitte Juni Mo–Fr 9–19, Sa/So 9–17, Mitte Juni–Aug. Mo–Fr 9–20, Sa/So 9–18, Sept.–April Mo–Fr 9–18, Sa/So 9–15 Uhr
Eine Außenstelle befindet sich im Viru Keskus: Viru väljak 4, 10111 Tallinn, ✆ 610 15 57

Tallinn Card
Die Tallinn Card, die es in der Touristeninformation gibt, ermöglicht die kostenlose Nutzung der öffentlichen Nahverkehrsmittel und die Besichtigung von 40 Museen und Sehenswürdigkeiten. Wer die Tallinn Card erwirbt, kann kostenlos an Stadtrundfahrten teilnehmen und bekommt in einigen Restaurants und Geschäften Rabatte. Es gibt sie mit einer Gültigkeitsdauer von 24, 48 und 72 Std. (€ 24, 32, 40). Kinder bis zu 14 Jahren zahlen jeweils die Hälfte, Kinder unter 6 Jahren benötigen keine Tallinn Card, da für sie die meisten Museen ohnehin kostenlos sind. In der mehrsprachigen Broschüre, die man mit der Karte erhält, sind alle teilnehmenden Sehenswürdigkeiten aufgeführt.

aE2

Alexander-Newski-Kathedrale/ Aleksander Nevskin katedraali
Lossi plats 10, Tallinn
✆ 644 34 84
So–Fr 8–19, Sa bis 20 Uhr
Schon aus der Ferne sind die Zwiebeltürme der orthodoxen Kirche auf dem Domberg, die sich gegenüber dem Schloss erhebt, zu erkennen. Das Symbol der Russifizierung wurde Ende des 19. Jh. von dem Architekten Mikhail Preobrazhensky entworfen.

Tür des Hauses der Schwarzhäupterbruderschaft in der Pikk-Straße in Tallinn

Birgittenkloster/ Pirita kloostri varemed
bA2

Kloostri tee 9, Tallinn
✆ 605 50 44
www.piritaklooster.ee
Tägl. April/Mai, Sept./Okt. 10–18, Juni–Aug. 9–19, sonst 12–16 Uhr, Eintritt € 2/1
Ruine des 1407 gegründeten Nonnenklosters.

Botanischer Garten/ Tallinna botaanikaaed
Kloostrimetsa tee 52
Tallinn
✆ 606 26 66
www.botaanikaaed.ee
Park tägl. Mai–Sept. 10–20, Okt.–April 9–17, Gewächshäuser tägl.

Mai–Sept. 11–18, Okt.–April 1–16 Uhr
Eintritt € 3,50/2,50
Artenreicher botanischer Garten mit wechselnden Sonderausstellungen.

Dicke Margarete/ Paks Margareeta aC3
Pikk 70, Tallinn, ✆ 641 14 08
www.meremuuseum.ee
Mai–Sept. tägl. 10–18, Okt.-April Mo geschl., Eintritt € 4/2
Vom Dach des alten Geschützturmes genießt man einen wunderbaren Blick auf Hafen und Altstadt von Tallinn. Im Innern ist auf vier Stockwerken das **Museum für Seefahrt** (Meremuuseum) untergebracht, das sehr anschaulich die estnische Seefahrtstradition von der Steinzeit bis in die Gegenwart dokumentiert. Interessant und manchmal kurios sind die historischen Tauchausrüstungen.

Ein Wahrzeichen Tallinns: die Katharinengasse zwischen Vene- und Müürivahe-Straße

Dominikanerkloster/Dominiiklaste kloostri aD3
Vene 16, Tallinn
✆ 644 46 06, www.kloostri.ee
Juni–Aug. tägl. 10–17 Uhr, Eintritt € 6
Das aus dem Jahre 1246 stammende Dominikanerkloster ist Tallinns ältestes Gebäude. Der Innenhof, den man durch die benachbarte, später erbaute, katholische Kirche betritt, ist ein Ort der Stille.

Domkirche/Toomkirik aD/aE2
Toom-Kooli 6, Tallinn
✆ 515 54 89
Tägl. 9.30–17.30 Uhr, Turmbesteigung € 5
Die Domkirche brannte 1684 bis auf die Grundmauern nieder, war nach zweijähriger Bauzeit aber schon wieder hergerichtet. Sehenswert sind im Innern die Grabmale des schwedischen Statthalters Pontus De la Gardie und des schottischen Admirals Samuel Greigh.

Drei Schwestern aC3
Pikk 71/ Tolli 2, Tallinn
✆ 630 63 00, www.threesistershotel.com
Diese drei besonders schönen Häuser ließ ein Kaufmann im 14. Jh. für seine drei Töchter errichten. Sie sind das Gegenstück zu den »Drei Brüdern« in Riga. Heute beherbergen die Häuser eines der besten und interessantesten Hotels der Stadt. Alle Zimmer und Suiten sind sehenswerte Unikate, in denen uralte Balken und moderne Flachbildschirme perfekt miteinander harmonieren.

Estnisches Freilichtmuseum/ Vabaõhumuuseum B6

Vabaõhumuuseumi tee 12, Tallinn
✆ 654 91 00, www.evm.ee
April–Sept. tägl. 10–20 (Häuser bis 18 Uhr), Okt.–April tägl. 10–17 Uhr, Eintritt € 6/3
Freilichtmuseum an der Kopli-Bucht. Zahlreiche Gebäude zeigen das bäuerliches Leben im 18. bis 20. Jh.

bA/bB 1

Estnisches Historisches Museum im Schloss Maarjamäe/Eesti ajaloomuuseum-Maarjamäe loss
Pirita tee 56, Tallinn
✆ 622 86 00, www.ajaloomuuseum.ee
Mi–So 10–17 Uhr, Eintritt € 4/2
Museum zur Landesgeschichte des 19. und 20. Jh.

bB1

Estnisches Kunstmuseum Kadriorg/ Kadrioru kunstimuuseum
Weizenbergi 37, Tallinn/Kadriorg
✆ 606 64 00, www.ekm.ee
Mi 10–20, Do–So 10–17, Mai–Sept. auch Di 10–17 Uhr
Eintritt € 4,80/2,80, Familienticket € 9,30; günstige Kombitickets mit anderen Kunstmuseen
Ausländische Kunstwerke im Schloss Katharinental.

bB1

Estnisches Kunstmuseum KUMU/ KUMU Kunstimuuseum
Weizenbergi 34, Tallinn/Kadriorg
✆ 644 91 39, www.ekm.ee
Mi 11–20, Do–So 11–18, Mai–Sept. auch Di 11–18 Uhr
Eintritt € 5,50, Familienticket € 10
Die größte Sammlung estnischer Kunst; außerdem mehrere Wechselausstellungen jährlich.

Exponat im Estnischen Kunstmuseum (Tallinn)

Fernsehturm/ Tallinna teletorn

B7

Kloostrimetsa 58 A, Tallinn
✆ 680 40 20, www.teletorn.ee
Mai–Sept. tägl. 10–19, Okt.–April tägl. außer Di 11–18 Uhr
Eintritt € 7/4, Familienkarte € 15
Mit 314 m das höchste Gebäude der Stadt. Brasserie und Restaurant Teletorn auf Höhe der Aussichtsplattform auf 174 m haben auch abends geöffnet. Der Aufzug dorthin braucht nur 49 Sekunden.

Heiliggeistkirche/ Pühavaimu kirik

aD2/3

Pühavaimu 2, Tallinn
✆ 646 44 30, www.eelk.ee
Juni–Aug. Mo–Sa 9–18, sonst Mo–Fr 10–15, Sept. bis 17 Uhr, Eintritt € 1
Die von der Bruderschaft des Heiligen Geistes erbaute Kirche wurde im Mittelalter auch als Krankenhaus und Ratskapelle

genutzt. Nach der Reformation wurden hier erstmals Gottesdienste in estnischer Sprache abgehalten.Der mittelalterliche Altar von Bernd Notke ist sehenswert.

Kiek in de Kök aE2
Komandandi tee 2, Tallinn
✆ 644 66 86, www.linnamuuseum.ee
März–Okt. Di–So 10.30–18, sonst Di–So 10–17.30 Uhr
Eintritt € 4,50/2,60, Familienticket € 9
Der niederdeutsche Name des mittelalterlichen Wehrturmes bedeutet »Guck in die Küche«, denn angeblich konnte man von den oberen Fenstern den Leuten in die Kochtöpfe schauen. Heute beherbergt der Turm ein Museum zur Stadt- und Militärgeschichte, in den unteren Stockwerken fotografische Wechselausstellungen.

Mikkel Museum/Mikkeli muuseum bB1
Weizenbergi 28, Tallinn
✆ 606 64 00, www.ekm.ee
Mi 10–20, Do–So 10–17 Uhr
Eintritt € 2,50/1,50, Familienticket € 5
Ausländische Kunst, gestiftet vom privaten Sammler Johannes Mikkeli, unter anderem chinesisches Porzellan, italienische Gravurarbeiten, flämische Gemälde.

Estnisches Historisches Museum im Haus der Großen Gilde/Eesti ajaloomuuseum aD2
Pikk 17, Tallinn
✆ 641 16 30, www.ajaloomuuseum.ee
Tägl. 10–18 Uhr, Sept.–April Mi geschl.
Eintritt € 4/2, Familienticket € 6
Das Haus, in dem im 15. Jh. die reichen Tallinner Kaufleute und Reeder ihren Sitz hatten, zeigt die estnische Geschichte von den Anfängen bis zum Ende des 18. Jh.

Nikolaikirche/Niguliste kirik aE2
Niguliste 3, Tallinn
✆ 631 43 30, www.nigulistemuuseum.ee
Mi–So 10–17 Uhr
Eintritt € 3,50/2, Familienticket € 7
Die ehemalige Kaufmannskirche aus dem 13. Jh. wurde zwischenzeitlich auch als Warenlager genutzt. Nach dem Krieg baute man die 1944 zerstörte Kirche wieder auf. Heute dient sie dem Estnischen Kunstmuseum als Ausstellungsraum für sakrale Gegenstände. Die bemerkenswertesten Exponate sind der Hauptaltar von Herman Rode und das Gemäldefragment »Totentanz« (15. Jh.) des ebenfalls aus Lübeck stammenden Bernt Notke.

Okkupationsmuseum/ Okupatsiooni ja vabadusvõitluse muuseum aF2
Toompea 8, Tallinn
✆ 668 02 50, www.okupatsioon.ee
Di–So 11–18 Uhr, Eintritt € 4/2, Familienticket € 5

Tallinns berühmtestes Gemälde: der »Totentanz« (15. Jh.) von Bernt Notke in der Nikolaikirche

Das Museum widmet sich der bedrückenden Zeit der deutschen und sowjetischen Besetzung 1939–91. Modernes Museum mit guten audio-visuellen Darstellungen.

aC3

Olaikirche/Oleviste kirik
Lai 50, Tallinn
✆ 641 22 41, www.oleviste.ee
April–Okt. tägl. 10–18 Uhr, Eintritt € 2/1
Die Olaikirche wurde erstmals 1267 erwähnt und nach dem norwegischen König Olaf benannt. Heute misst der Kirchturm nach mehreren Bränden und Rekonstruktionen zwar nur noch 124 m, ist aber immer noch eines der höchsten Gebäude in Tallinn. Man kann die steile Treppe im Turm bis zur Oberkante des steinernen Teils erklimmen und einen Blick auf Tallinn aus der Vogelperspektive werfen.

aD/aE2

Rathaus/Raekoda
Raekoja plats 1, Tallinn
✆ 645 79 00, www.tallinn.ee/raekoda
Rathaus: Juli/Aug. Mo–Sa 10–16 Uhr, Eintritt € 4/2
Turm: Mai–Mitte Sept. 11–18 Uhr, Eintritt € 3/1
Das Wahrzeichen von Tallinn erhielt sein heutiges Aussehen nach Umbauten in den Jahren 1402–04. In der Halle im zweiten Stock finden Empfänge und Konzerte statt. Der dreischiffige Keller wird für Ausstellungen genutzt. 64 m hoch reckt sich der schlanke, achteckige Turm in den Himmel. Von seiner Spitze hat man einen guten Blick auf die Stadt. Gekrönt wird er von einer Wetterfahne mit dem »Alten Thomas«, einem weiteren Wahrzeichen von Tallinn.

aD2

Ratsapotheke/Raeapteek
Raekoja plats 11, Tallinn
✆ 631 48 60
Mo–Fr 9–19, Sa 9–17 Uhr, Eintritt frei
Die älteste immer noch in Betrieb befindliche Apotheke

Europas mit einer kleinen Ausstellung von Heilmitteln des 17.–20. Jh.

Sommerhaus Peters des Großen/ Peeter I majamuuseum bB1
Mäekalda 2, Tallinn
✆ 601 31 36, www.linnamuuseum.ee
Mai–Aug. Di–So 10–18, sonst Mi–So 10–16 Uhr
Eintritt € 2/1
Sommerhaus des Zaren im Park von Kadriorg. Hier wohnte er während des Schlossbaus. Eingerichtet ist das Haus mit Mobiliar im Stil der damaligen Zeit.

Stadtmauer/Linnamüür aD3
Gümnaasiumi 3, Tallinn
✆ 644 98 67
April/Mai, Sept./Okt. Fr–Mi 11–17, Juni–Aug. tägl. 11–19, Nov.–März Fr–Di 11–16 Uhr
Eintritt € 1,50/0,75
Bis heute sind noch rund 2 km der einst geschlossenen Altstadtmauer erhalten geblieben. Zwischen den Türmen Nunne, Sauna und Kuldjala kann man auf der Mauer entlanglaufen und die Aussicht auf die Dächer der Stadt genießen.

Tallinner Stadtmuseum/Tallinna linnamuuseum aD3
Vene 17, Tallinn
✆ 615 51 95, www.linnamuuseum.ee
Tägl. außer Di 10.30–18, Nov.–Feb. 10–17 Uhr
Eintritt € 3,20/2
Modern und anschaulich wird hier die Tallinner Stadtgeschichte präsentiert. Schwerpunkte sind das Leben im mittelalterlichen Tallinn und das 20. Jh. bis zur Unabhängigkeit.

Tallinner Stadttheater/Linnateater aD2/3
Lai 23, Tallinn

✆ 665 08 50, www.linnateater.ee
Kasse: ✆ 665 08 00, Mo–Fr 9–18, So 10–18 Uhr
Tallinns bekanntestes und bestes Theaterensemble.

aE2

Olde Hansa
Vana Turg 1, Tallinn
✆ 627 90 20
www.oldehansa.com
Tägl. 10–24 Uhr
Mittelalterliche Erlebnisgastronomie bei Kerzenlicht und leiser Musik, rustikale Einrichtung. Auf den Tisch kommen Wildschwein mit Sauerkraut oder Lachs, dazu warmes Honigbier oder Honigwein. Im Sommer kann man auch draußen sitzen, aber nur in dem sehenswerten Altstadthaus kommt so richtig Mittelalterstimmung auf. €€€

aE2

Kuldse Notsu Kõrts
Dunkri 8, Tallinn
✆ 628 65 67
Tägl. 12–23 Uhr
Im so genannten »Kleinen Schweinchen« bekommt man Spezialitäten des Landes in hervorragender Qualität serviert. Das Interieur des Kellerrestaurants erinnert an ein estnisches Landgasthaus, die Bedienung ist stilecht in Tracht gekleidet, hervorragend ist hier nicht nur das hausgebackene Brot. €€€

aD2

Maikrahv
Raekoja plats 8, Tallinn

Das Virutor – Eingang zur Altstadt von Tallinn

✆ 631 42 27, www.maikrahv.ee
Tägl. 9–24 Uhr
Im Sommer ist die große Terrasse auf dem Rathausplatz immer bis auf den letzten Platz gefüllt, im Winter sitzt man gemütlich drinnen. Mediterran-internationale Küche sowie Pasta. €€€

Peppersack
Viru 2, Tallinn — aE3
✆ 646 68 00
www.peppersack.ee
Tägl. 8–24 Uhr
Die Küche ist international und hochklassig, gespeist wird in einem Haus aus dem 15. Jh. €€€

Maiasmokk
Pikk 16, Tallinn — aD2
✆ 646 40 79
Mo–Fr 8–22, Sa 9–22, So 9–21 Uhr
Tallinns ältestes Café eröffnete 1864: nostalgisches Interieur, hervorragende Kuchenauswahl, guter Kaffee.

Tristan ja Isolde
Raekoja plats 1, Tallinn — aD2
✆ 517 55 53
Tägl. 9–23 Uhr
Das winzige Café versteckt sich unter den Arkaden des Rathauses. Bekannt für exzellente süße Kleinigkeiten, besonders im Winter urgemütlich.

Lounge 24
Rävala 3, Tallinn — aE4
✆ 682 34 24
Tägl. 12–2 Uhr
Bar im 24. Stock des Radisson SAS Hotels mit grandioser Aussicht über die Stadt. Laue Sommerabende verbringt man am besten auf der Terrasse.

Club Hollywood
Vana-Posti 8, Tallinn — aE2
✆ 651 51 00, www.clubhollywood.ee
Mo–Do 22–4, Fr/Sa bis 5 Uhr, an Wochenenden Eintritt
Night Club mit großer Tanzfläche, gleichermaßen beliebt bei Einheimischen und Touristen, junges Publikum.

Ausflug nach Helsinki — aB/aC5
Zwischen der finnischen und der estnischen Hauptstadt liegen nur 85 km. Da die Schiffe mehrmals täglich fahren, kann man problemlos einen Tagesausflug in die finnische Hauptstadt machen. Die großen Fähren (Tallink, Eckerö Line, Silja Line, SeaWind, Viking) benötigen 4 Std., Hydrofoils und Katamarane nur rund 1,5 Std., die Schnellboote fahren allerdings nur im Sommer und bei gutem Wetter. ■

Reiseregionen, Orte und Sehenswürdigkeiten

❷ Haapsalu

Mitte des 13. Jahrhunderts wurde Haapsalu Sitz des Bistums Ösel-Wiek und erhielt 1279 die Stadtrechte. In der Folgezeit entwickelte sich der Bischofssitz zu einer recht bedeutenden Hafen- und Handelsstadt. Doch der mehr und mehr versandende Hafen brachte die Stadt in wirtschaftliche Schwierigkeiten. Erst als man die heilende Wirkung des Schlamms entdeckte und 1825 die erste Schlammbadeanstalt eröffnete, sorgten adlige Gäste aus St. Petersburg für einen neuerlichen Aufschwung und so gehörte Haapsalu bald zu den bekanntesten Kurorten Estlands.

Die sehenswerte Altstadt liegt auf einer ins Meer vorspringenden Landzunge, die Ruine der Bischofsburg bildet das Zentrum. Viele bunt gestrichene Holzhäuser aus dem 19. Jahrhundert, verwinkelte mittelalterliche Gassen, Alleen und Parks und die Nähe zum Meer verleihen Haapsalu viel Charme.

Die **Bischofsburg** (Piiskopilinnuse) wurde um die Mitte des 13. Jahrhunderts erbaut und noch heute kann man an der Ruine ihre gewaltigen Ausmaße erahnen. Die gesamte Anlage war von einer 800 Meter langen Mauer umgeben, die in den letzten Jahren teilweise rekonstruiert worden ist. Teil der Bischofsburg ist die größ-

Die Ruine der Bischofsburg von Haapsalu

te einschiffige Kirche Nordeuropas, die **Domkirche**, die um 1270 erbaut wurde. Einen guten Rundblick hat man vom **Wehrturm** der Burg.

Haapsalus Schlosskirche auf einer alten Postkarte

Der **Schlossplatz** diente früher als Marktplatz, auf ihm befindet sich das ehemalige **Rathaus** aus dem 18. Jahrhundert, das heute das **Museum von Läänemaa** (Läänemaa muuseum) beherbergt. Neben dem Rathaus steht eines der ältesten Häuser der Stadt, in dem seit 1840 eine Apotheke untergebracht ist. Nur wenige Schritte entfernt erhebt sich die **Johanneskirche**, die im 16. Jahrhundert aus einem Warenhaus entstand. Durch eine kleine Gasse, die Väike-Mere, gelangt man vom Schlossplatz zum Meer, an dem die Kurpromenade entlangführt. Auffälligstes Bauwerk ist hier das **Kurhaus** (Haapsalu kuursaal), in dem heute ein Restaurant und ein Café untergebracht sind. Während der Sowjetzeit diente das reich verzierte Holzgebäude als Warenhaus, nach der Sanierung erstrahlt es jetzt wieder in neuer Pracht.

Tipp: Ein Ständchen zum Sonnenuntergang
Zwischen Kurhaus und dem Hotel Promenaadi steht an der Promenade eine Bank zum Gedenken an den Komponisten Peter Tschaikowski. Setzt man sich auf die Bank, bekommt man etwas über den Komponisten erzählt und kann sich eines seiner Stücke anhören.

Haapsalu turismiinfokeskus
Karja 15, 90502 Haapsalu
✆ 473 32 48
www.haapsalu.ee
Mitte Mai–Mitte Sept. Mo–Fr 9–18, Sa/So 9–15, Mitte Sept.–Mitte Mai Mo–Fr 9–17 Uhr

Bischofssburg/Piiskopilinnuse
Lossiplats 3, Haapsalu
✆ 472 53 46
www.haapsalulinnus.ee
Schlosshof: tägl. 7–24, freier Eintritt
Museum: Mai, Sept. tägl. 10–16, Juni–Aug. 10–18 Uhr, Eintritt € 4/2
Zu besichtigen sind die romanisch-gotische Kirche aus dem 13. Jh., die Taufkapelle, das Museum mit mittelalterlichen Waffen und der Wehrturm. Neben der Kirche befindet sich ein Restaurant, im Burghof in einem Wallgraben ein Kinderpark mit mittelalterlich inspirierten Spielattraktionen (im Sommer tägl. 6–22 Uhr).

Eisenbahnmuseum/Raudteemuuseum
Raudtee 2, Haapsalu

✆ 473 45 74, www.jaam.ee
Mi–So 10–18 Uhr, Eintritt € 2/1, Familienticket € 4
Kleines Eisenbahnmuseum im Bahnhof von Haapsalu. Der heute stillgelegte Bahnhof stammt noch aus der Zeit, als der Zar zur Sommerfrische anreiste. Schön verziertes Holzgebäude von 1907 mit einer Länge von 207 m, auf den Schienen davor einige Lokomotiven und Eisenbahnwaggons.

D4

Evald Okas Museum/Evald Okase muuseum
Karja 24, Haapsalu
✆ 554 90 4, evaldokasemuuseum.ee, Juni–Aug.
Privates Museum des bekannten estnischen Malers Evald Okas.

Haapsalu Kurhaus/Haapsalu kuursaal
Promenaadi 1, Haapsalu
✆ 475 75 00, www.haapsalukuursaal.ee
Mai–Okt. tägl. 10–2 Uhr
Restaurant und Café in kunstvoll verziertem historischem Holzgebäude, Sonnenterrasse am Meer. €€

Läänemaa Museum/Läänemaa muuseum
Kooli 2, Haapsalu
✆ 473 70 48, www.muuseum.haapsalu.ee
Mai-Sept. Mi–So 10–18, sonst Mi–So 11–16 Uhr
Eintritt € 2/1,50
Dauerausstellung zur Geschichte Haapsalus und der Provinz Läänemaa sowie Wechselausstellungen.

Haapsalu Schwimmbad
Lihula 10, Haapsalu
✆ 472 50 65, www.spordibaasid.ee
Tägl. 12–22 Uhr
Großes Schwimmbad mit Wasserrutsche und mehreren Saunen.

Haapsalu Golf
Posti 21, Haapsalu
✆ 473 39 99, www.haapsalugolf.ee
Golfplatz in Ridala, 5 km von Haapsalu, bis jetzt noch ein 9-Loch-Platz, eine Erweiterung auf 18 Löcher ist geplant.

Laine Spa Hotel
Sadama 9/11, Haapsalu
✆ 472 44 00, www.laine.ee
Spa-Hotel mit medizinischen Anwendungen in Altstadtnähe. Günstige Paketangebote, auch einzelne Wellnesstage sind buchbar. Vom Restaurant Blick aufs Meer.

Spa Hotel Fra Mare
Ranna tee 2, Haapsalu
✆ 472 46 00
www.framare.ee

Das moderne Spa-Hotel bietet sämtliche Kur- und Heilbehandlungen. Etwas außerhalb vom Zentrum an einer Bucht mit flachem Sandstrand.

Promenaadi Restaurant
Sadama 22, Haapsalu
✆ 473 72 50, www.promenaadi.ee
Tägl. 12–22 Uhr
Das Restaurant direkt an der Promenade gehört zu einem der besten Hotels von Haapsalu. Durch die großen Fenster genießt man den wunderschönen Meerblick. €€–€€€

Restaurant Central
Karja 21, Haapsalu
✆ 473 55 95, www.central-haapsalu.ee
Tägl. 11–23, Fr/Sa bis 24 Uhr
Pub im Keller und Restaurant im 1. Stock mit Blick auf die Burg. Solide Hausmannskost ansprechend präsentiert. €€

Umgebung von Haapsalu:

3 Vormsi

C/D4

Die viertgrößte Insel Estlands liegt nordwestlich von Haapsalu. Zwischen dem Hafen Rohuküla auf dem Festland und Sviby auf Vormsi gibt es drei mal täglich eine Fährverbindung. Das 93 km² große Eiland mit rund 250 Einwohnern ist ein ruhiges Fleckchen mit ausgedehnten Wäldern, das überwiegend von im 14. Jh. eingewanderten Schweden bewohnt wird. Im Hauptort Hullo ist die Olaikirche sehenswert. Die flachen, windgeschützten Gewässer zwischen dem Festland und der Insel Vormsi sind ein ideales Gewässer für Bootsausflüge.

»Weiße Nacht« in der Bucht vor Haapsalu

Als Rastplatz nimmt der Matsalu-Nationalpark eine Schlüsselposition im ostatlantischen Flugweg der Zugvögel ein: Graugänse ziehen im Winter nach Süden, der …

E5

Lihula

Lihula ist der größte Ort im südlichen Läänemaa und blickt auf eine lange Geschichte zurück. Schon bevor die Burg, von der heute allerdings nur noch einige wenige Mauerreste erhalten sind, Mitte des 13. Jh. errichtet wurde, siedelten hier Menschen. Auf dem Schlossberg, in der Nähe der Burgruine, steht das klassizistische Herrenhaus, erbaut am Anfang des 19. Jh., das heute das örtliche Museum beherbergt (Juni–Aug. Mi–So 11–18, Mai und Sept. Mi–Fr 11–16 Uhr).

D/E 4/5

Matsalu-Nationalpark/Matsalu rahvuspark

Die Matsalu-Bucht südlich von Haapsalu bietet mit ihren Inseln und Flachwassergebieten, den Strandweideflächen und der Auenlandschaft des Kasari-Flusses ideale Bedingungen für Zugvögel. Im Frühjahr und Herbst rasten deshalb hier viele von ihnen und machen die Matsalu-Bucht zu einem der wichtigsten Vogelschutzgebiete Europas. Die zahlreichen Türme geben Ornithologen und Naturliebhabern die Möglichkeit, Zugvögel in aller Ruhe zu beobachten. Seit 1957 ist ein Areal von 486 km² als Nationalpark ausgewiesen. Vor einigen Jahren wurden in dem Gutshof Penijõe ein Informationszentrum und eine Naturausstellung der Parkverwaltung eingerichtet.

… Graureiher dagegen bleibt

Matsalu Visitor Center
Penijõe mois, 90305 Lihula
✆ 472 42 36, www.matsalu.ee
Mo–Fr 9–17, Mitte April–Sept. auch Sa/So 10–18 Uhr

Estonian Nature Tours
Linuse tee 1, 90303 Lihula
✆ 477 82 14, www.naturetours.ee
Angeboten werden geführte Touren im Matsalu Nationalpark, Vogelbeobachtungen und Kanutouren.

E5

Koluvere
44 km östlich von Haapsalu liegt die Bischofsburg Koluvere. Die im 13. Jh. errichtete Festung war einer der wichtigsten Wohnsitze der Bischöfe von Saare-Läne. Im 16. Jh. wurde der Rundturm angefügt, im 17. Jh. die Burg in ein Gutshofschloss umgebaut, das 1905 von Revolutionären in Brand gesteckt wurde. Nach dem Wiederaufbau präsentiert sich Koluvere heute im neogotischen Stil.

D5

Maria-Magdalena-Kirche von Ridala/
Ridala püha Maarja-Magdaleena kirik
90412 Ridala
✆ 472 42 10, www.eelk.ee/ridala
Juni–Aug. Fr–So 11–16 Uhr
Im 10 km südlich von Haapsalu gelegenen Ridala befindet sich eine der ältesten und schönsten mittelalterlichen Kirchen Westestlands. Im Innern der einschiffigen Kirche aus der zweiten Hälfte des 13. Jh. sind einzigartige Wandmalereien, eine Christusfigur aus dem 15. Jh. und die Kanzel sowie der Barockaltar aus dem 17. Jh. sehenswert.

D4

❹ Hiiumaa

Hiiumaa, die mit 1000 Quadratkilometern zweitgrößte Insel des Landes, ist nur 22 Kilometer vom Festland entfernt, nach Saaremaa sind es sogar nur sechs Kilometer. Wie flach das Meer zwischen dem Festland und Hiiumaa ist, bekommt man hautnah mit, wenn die Fähre sich vorsichtig durch die enge, künstlich vertiefte Fahrrinne tastet und zu beiden Seiten immer wieder flache Inseln nur

C–E 1–3

Sõru auf Hiiumaa: Von hier fahren die Fähren zur Insel Saaremaa

Trachten spielen auf Hiiumaa eine große Rolle, wie in Reigi im Inselnorden und in …

wenige Zentimeter aus dem Wasser schauen. Kein Wunder, dass das Meer um Hiiumaa im Laufe der-Jahrhunderte vielen Schiffen zum Verhängnis geworden ist.

Die höchste Erhebung Hiiumaas erreicht nur 68 Meter, das Inselinnere ist von Wäldern und Mooren bedeckt und unbesiedelt. Fast alle Dörfer liegen an der Küste und sind durch die ringförmige Hauptstraße verbunden. Der Hauptort **Kärdla** ist die einzige Ansiedlung mit ein wenig städtischem Flair, ansonsten geht es auf Hiiumaa recht ruhig und dörflich zu. Die Küsten sind überwiegend steinig, es gibt aber auch einige sehr schöne Sandstrände, die zum Baden einladen.

D3

Hiiumaa turismiinfokeskus
Hiiu 1, 92413 Kärdla
✆ 462 22 32, www.hiiumaa.ee
Mitte Mai–Mitte Sept. Mo–Fr 10–17, Sa/So 10–15, Mitte Sept.–Mitte Mai Mo–Fr 12–17 Uhr

D3

Hiiumaa Museum/Hiiumaa muuseum
Vabrikuväljak 8, Kärdla
✆ 463 20 91, www.muuseum.hiiumaa.ee
Juni–Aug. Di–Sa 10–17 Uhr
Eintritt € 2/1
Das Museum ist in einem Haus aus dem Jahre 1830 untergebracht, das einst zur örtlichen Textilfabrik gehörte. Die Dauerausstellung erzählt von der Geschichte Hiiumaas, außerdem werden Wechselausstellungen gezeigt.

C2

Leuchtturm Tahkuna/Tahkuna nina
An der Nordspitze der Insel steht der 1875 gebaute, 42 m hohe Leuchtturm, von dessen Spitze man einen grandiosen Rundumblick genießt (Juni–Aug. Di–So 10–18 Uhr, Eintritt € 1). Auf der äußersten Landspitze wurde 1995 ein Denkmal für die bei der »Estonia«-Katastrophe umgekommenen Kinder errichtet.

Bereits zu Zeiten der Hanse erbaut: der Leuchtturm Kõpu auf Hiiumaa

C/D2

Reigi-Kirche/Reigi Jeesuse kirik
92201 Reigi
✆ 463 16 39, Juni–Aug. tägl. 12–17 Uhr
Baron Ludvig von Ungern-Sternberg ließ die lichtdurchflutete Kirche 1802 zum Gedenken an seinen Sohn errichten. Die Kirche verfügt über eine umfangreiche Kunstsammlung.

D2

Leuchtturm Kõpu/Kõpu tuletorn
92212 Kõpu
Mai–Mitte Sept. tägl. 10–21 Uhr

Der Leuchtturm Kõpu ist der höchste Punkt Westestlands. Es ist der drittälteste in Betrieb befindliche Leuchtturm der Welt, der schon um 1530 noch zu Zeiten der Hanse erbaut wurde. Am Fuß des Leuchtturmes gibt es ein Café.

... Emmaste im Süden der Insel

Kassari

Der Südostküste von Hiiumaa vorgelagert ist die kleine Insel Kassari, die sich in letzter Zeit zu einem der beliebtesten Urlaubsgebiete Hiiumaas entwickelt hat. Die Lagune zwischen Hiiumaa und Kassari ist wegen ihres flachen Wassers, den zahlreichen unbewohnten Inseln und den Schilf bewachsenen Ufern ein ideales Revier für Wasservögel. In Orjaku gibt es einen Vogelbeobachtungsturm. Nach Südwesten hin läuft Kassari in der immer schmaler werdenden Landzunge **Sääretirp** aus. Die höher gelegenen Bereiche dieses Nehrungshakens sind von dichter Vegetation überzogen, während die Spitze nur noch aus Geröll besteht.

D3

Ausstellungshaus Kassari/
Kassari ekspositsioonimaja

D3

92101 Kassari
✆ 469 71 21, www.muuseum.hiiumaa.ee
Mai–Okt. tägl. 10–17 Uhr, Eintritt € 2/1
Das Museum befasst sich mit der Geschichte Hiiumaas von der Steinzeit bis zur Gegenwart und widmet sich zudem Personen, die die Geschichte der Insel maßgeblich beeinflusst haben.

Hiiu Vill

D3

92101 Vaemla
✆ 463 61 21, www.hiiuvill.ee
Mitte Mai–Mitte Aug. Mo–Fr 9–18, Sa 10–18, So 10–16, sonst Mo–Fr 9–18, Sa 10–16 Uhr. Das Café ist Juni–Aug. Mo–Sa 10–18, So 10–16 Uhr geöffnet
In der Wollfabrik werden auf museumsreifen Maschinen Souvenirs hergestellt.

Suuremoisa mõis

D3

Das zweistöckige Haupthaus im Barockstil wurde Mitte des 18. Jh. von Margareta von Stackelberg errichtet, um 1800 ging das Anwesen, das damals zu den prächtigsten Estlands zählte, in den Besitz der Familie Ungern-Sternberg über, die es bis zur Enteignung 1919 besaß. Danach und bis zum heutigen Tag ist im Haupthaus eine Schule untergebracht. Durch die jahrzehntelange Nutzung als Schulgebäude ist aber kaum noch etwas von der einstigen Pracht des Gutshofes erhalten geblieben.

Mihkli Museum/
Mihkli talukompleks-muuseum

C2

92211 Malvaste
✆ 523 22 25, www.muuseum.hiiumaa.ee
Juni–Aug. Mi–So 10–18 Uhr, Eintritt € 2/1
Ein kompletter Bauernhof aus dem 19. Jh.

D3

Soera Bauernhofmuseum/ Soera talumuuseum
92301 Pühalepa, www.soeratalumuuseum.eu
Mitte Mai–Ende Aug. tägl. 12–18 Uhr, Eintritt € 1/0,50
Das kleine Museum zeigt die Lebensumstände auf dem Lande um die Mitte des 19. Jh. sehr anschaulich.

D3

Nordtooder
Keskväljak, 92413 Kärdla
✆ 469 19 99, 509 20 54
Tägl. 11–23 Uhr
Gemütliches Restaurant im Zentrum von Kärdla, serviert werden in erster Linie traditionell zubereitete Fisch- und Lammgerichte. €€

D3

Restaurant Liilia
Hiiu mnt 22, 92101 Käina
✆ 463 61 46, www.liiliahotell.ee
Tägl. 7–23 Uhr
Schnörkellose Hausmannskost zum fairen Preis. €€

D2

Restaurant Viinaköök
Sadama 2, 92201 Kõrgessaare
✆ 469 33 37, www.haapsaluhotel.ee
Tägl. 12–21 Uhr
Täglich wechselndes Touristenmenü. Das Buffet bietet Tagessuppe, Salat, Hauptgericht und Dessert. €€

D3

Hiiumaa Canoe Rental
Hiiu mnt 9, 92101 Käina
✆ 463 65 26
Kanuvermietung im Süden Hiiumaas.

A/B 8/9

❺ Lahemaa-Nationalpark/Lahemaa rahvuspark

Der größte und älteste Nationalpark Estlands umfasst die Buchten und Halbinseln der Nordküste rund 60 Kilometer östlich von Tallinn. Schon 1971 wurde das Gebiet wegen seiner Wiesen, Wälder und Moore unter Schutz gestellt. Der Name **Lahemaa**, was so viel wie »Land der Buchten« bedeutet, erschließt sich bei einem Blick auf die Karte, denn wie Finger ragen die großen Halbinseln Juminda, Pärispea und Käsmu weit ins Meer hinein. Dazwischen liegen große, flache Buchten, die mit teils gewaltigen Blöcken übersät sind, die in der letzten Eiszeit hierher verfrachtet wurden. Mit Findlingen gesprenkelte Küsten, schilfbewachsene Ufer, aber auch Sandstrände, ver-

Das restaurierte Herrenhaus von Palmse: Herzstück des Lahemaa-Nationalpark

schlafene Dörfer, Wiesen, Wälder und Moore und eine weitgehend intakte Natur machen den Reiz des Lahemaa-Nationalparks aus. Mehrere markierte Wanderwege und kaum befahrene, asphaltierte Straßen ohne nennenswerte Steigungen machen Lahemaa zum idealen Ziel für Wanderer und Radfahrer.

Inmitten dieser wunderschönen Natur liegen einige der besterhaltenen Gutshöfe des Landes, die vom deutschbaltischen Adel im 18. und 19. Jahrhundert errichtet wurden.

Vom 13. Jahrhundert bis 1510 gehörten die Ländereien von **Palmse** zum Nonnenkloster St. Mihkli in Tallinn, danach wechselten die Besitzer relativ häufig, bis das Gut 1676 in den Besitz der deutschbaltischen Familie von der Pahlen kam. Rund 250 Jahre residierten sie auf Palmse, dem Schmuckstück der estnischen Gutshäuser. 1730 wurde das zweistöckige Haupthaus von Gustav Christian von der Pahlen fertiggestellt. Sein heutiges spätbarockes Aussehen erhielt es bei Umbauten Ende des 18. Jahrhunderts. Ebenso entstanden zu dieser Zeit der weitläufige Park und die meisten Nebengebäude.

Hinter dem Haupthaus gibt es einige Teiche, das Badehaus, die Schnapsbrennerei – die heute ein Hotel beherbergt – und das Palmenhaus. Im ehemaligen Stall ist heute das Besucherzentrum des Nationalparks untergebracht, im Speicherhaus finden Interessierte eine Oldtimerausstellung. Das Haupthaus ist vollständig mit Möbeln eingerichtet, die aus der Zeit stammen, als die von der Pahlens hier lebten.

Ein vertrauter Anblick im Lahemaa-Nationalpark: brütende Weißstörche

Lohnend ist auch ein Besuch der Herrenhäuser von Sagadi, Vihula und Kolga, die alle mittlerweile wieder zu neuem Leben erwacht sind. Das in Rosa und Weiß gehaltene

B9 Haupthaus von **Sagadi** blickt, ähnlich wie Palmse, auf eine lange Geschichte zurück, denn schon im Jahr 1469 wurde das Anwesen erstmals erwähnt. Um 1750 begannen die von Focks mit dem Bau des einstöckigen Haupthauses, das nach einigen Veränderungen Ende des 18. Jahrhunderts sein heutiges spätbarockes Aussehen erhielt. Heute beherbergt das Anwesen ein Forstmuseum, ein Hotel, ein Restaurant und ein Schulungszentrum.

B9 Das Gut **Vihula** gehörte bis 1939 der Familie von Schubert. Relativ bescheiden wirkt das Haupthaus im Stil der Neorenaissance, doch das gesamte Anwesen mit zahlreichen Nebengebäuden, die sich malerisch um den See verteilen, vermittelt ein gutes Bild eines Gutshofes zu Zeiten des deutschbaltischen Adels.

B8 Am klassizistischen Hauptgebäude von **Kolga** sind die Spuren der Geschichte und die jahrzehntelange Vernachlässigung noch deutlich abzulesen. Die Familie Stenbock, die einst die Besitzer dieses stolzen Gutshofes waren, haben das Haus mittlerweile wieder erworben und erste Sanierungsarbeiten durchgeführt.

B9 **Lahemaa rahvuspargi looduskeskus**
Palmse, 45202 Viitna
✆ 329 55 55, www.lahemaa.ee
Mitte–Ende April, Sept. tägl. 9–17, Mai–Aug. tägl. 9–19, Okt.–Mitte April Mo–Fr 9–17 Uhr
Infozentrum des Nationalparks.

B9 **Palmse mõis**
Viitna pk, 45435 Palmse

✆ 324 00 70, www.palmse.ee
Tägl. 10–18, Mai–Sept. bis 19 Uhr
Eintritt € 6/4, Familienticket € 12
Im Haupthaus sind drei vollständig eingerichtete Etagen für Besucher geöffnet, im Speicher kann man Oldtimer besichtigen. Das Badehaus beherbergt ein kleines Café, die ehemalige Schnapsbrennerei wurde zum Park Hotel Palmse umgebaut (www.phpalmse.ee).

Sagadi mõis B9
45403 Sagadi
✆ 676 78 88, www.sagadi.ee
Mai–Sept. tägl. 10–18 Uhr
Eintritt € 3/2, Familienticket € 7
Hotel, Gästehaus, Restaurant und Waldmuseum sind in Nebengebäuden untergebracht, im Haupthaus ist das historische Mobiliar sehenswert.

Vihula Manor B9
Country Club & Spa
45402 Vihula
✆ 326 41 00, www.vihulamanor.com
Mit mehr als 30 Gebäuden, die überwiegend aus dem 19. Jh. stammen, bildet Vihula eines der vollständigsten Gutshofensembles Estlands. Inzwischen hat sich hier der Country Club & Spa angesiedelt. Die im eleganten Landhausstil eingerichteten Zimmer befinden sich im Haupthaus und diversen Nebengebäuden. Mit Spa-Abteilung, zwei Restaurants und Weinbar.

Kolga mõis B8
74602 Kolga
Das einst prächtige Herrenhaus aus den 1820er-Jahren ist heute leider in einem ruinösen Zustand und kann nur von außen besichtigt werden. Den Eingangsbereich prägt ein repräsentativer Portikus aus sechs gruppierten Säulen.

Südlich von Kolga gibt es einen 3,5 km langen Wanderweg durch das **Viru Moor**, der direkt an der Straße 85 beginnt.

Käsmu A9
Noch vor rund 100 Jahren war Käsmu – an der Ostküste der gleichnamigen Halbinsel gelegen – einer der wichtigsten Orte der Region Virumaa. Hier wurden große Segelschiffe gebaut, im Winter lagen Dutzende von ihnen vor Anker und Kapitäne, die in der örtlichen Schule ausgebildet wurden, segelten auf allen Weltmeeren. Heute ist Käsmu ein ruhiger Ferienort mit schmucken Holzhäusern, dem man den einstigen Reichtum seiner Bewohner noch ansieht. Käsmu liegt aber auch inmitten Estlands größtem **Findlingsfeld**. In Gärten und am Straßenrand

Ob Pfifferling, …

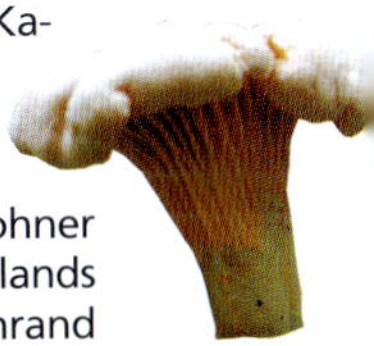

sind sie in allen Größen zu sehen, und wer ein Stück aus dem Ort auf die Landzunge hinaus läuft, wird sie auch überall im flachen Wasser liegen sehen. Auf verschieden langen Wanderwegen kann man diese wunderschöne Küste kennenlernen, in den Wäldern nach Pilzen suchen, aber auch Spuren von Bibern, Elchen, Luchsen und Bären entdecken oder mehr als 200 verschiedene Vogelarten beobachten.

Im privaten **Meeresmuseum von Käsmu** hat Aarne Vaik, ein leidenschaftlicher Sammler, alles zum Thema Meer zusammengetragen und ausgestellt (Käsmu meremuuseum, 45601 Käsmu, ✆ 323 81 36, www.kasmu.ee, tägl. geöffnet, Eintritt frei, Spende erbeten).

... Steinpilz, oder Schirmpilz – in den Wäldern des Lahemaa-Nationalparks wird man garantiert fündig

B9

Altja

Im Lahemaa Nationalpark gibt es noch einige ursprüngliche Fischerdörfer, eines der schönsten ist Altja, in dem zwei alte Gehöfte originalgetreu restauriert wurden.

B9

Võsu

Võsus Aufstieg zur Sommerfrische begann Ende des 19. Jh., als viele St. Petersburger Intellektuelle und Künstler hier ihre Ferien verbrachten. Der Sandstrand und der Kiefernwald waren die Attraktionen. Aus dieser Zeit stammen noch einige schöne Holzhäuser im Ort. Auch zu Sowjetzeiten kamen Urlauber nach Võsu, man sieht es heute noch an einigen leer stehenden Hotels und Ferienheimen. Heute wirkt der Ort sympathisch verschlafen.

A8/9

Viinistu

Viinistu, ein Fischerdorf an der Nordostküste der Perispea-Halbinsel, hat sich dank des Engagements von Jaan Manitski, dem ehemaligen Außenminister Estlands, zu einem kulturellen Zentrum entwickelt. Im **Viinistu Kunstmuseum**, einer umfangreichen Privatsammlung estnischer Kunst, werden hauptsächlich Gemälde ausgestellt (Viinistu kunstimuuseum, 74701 Viinistu, ✆ 608 64 22, Juni–Aug. tägl. 11–18, Sept.–Mai Mi–So 11–18 Uhr, Eintritt € 4/2).

B13

Narva

Mit rund 65 000 Einwohnern ist Narva die drittgrößte Stadt Estlands. Sie entstand im 13. Jahrhundert als Kaufmannssiedlung am linken Ufer der Narva und erhielt 1345 die Stadtrechte. Narva war schon immer Grenzstadt zwischen Ost und West, hat deshalb vom Handel profitiert, aber gleichzeitig wie kaum eine andere Stadt unter Kriegen gelitten. Im Laufe ihrer wechselvollen Geschichte wurde sie von Dänen, Deutschen, Schweden, Russen

Im äußersten Osten Estlands: Narva, im Hintergrund links die Hermannsfeste, rechts die Festung Iwangorod

und Esten beherrscht und geprägt. Hier trafen abendländische Kultur und der Osten unmittelbar aufeinander und so war es eigentlich nur logisch, dass zu beiden Seiten des Flusses mächtige Festungen errichtet wurden.

Auf estnischer Seite ist es die im Mittelalter gegründete Ordensburg, die **Hermannsfeste** (Hermanni linnus), um die herum die Stadt entstand. Ende des 15. Jahrhunderts wurde am gegenüber liegenden Flussufer die nicht minder beeindruckende Festung **Iwangorod** errichtet. Ende des 17. Jahrhunderts, zur Schwedenzeit, hatte Narva seine Blütezeit, der Festungsgürtel mit mächtigen Bastionen entstand und im Zentrum wurde der Grundstock zu einem einzigartigen architektonischen Ensemble mit Rathaus und Börse gelegt. Von dieser Pracht ist heute leider nichts mehr zu sehen, denn während des Zweiten Weltkriegs wurde Narva in Schutt und Asche gelegt und alle gotischen und barocken Gebäude im Stadtkern zerstört. Nach dem Krieg wurden nur drei Gebäude rekonstruiert, das frühklassizistische **Rathaus** und zwei Häuser in der Koidulastraße aus dem 17. Jahrhundert. Das übrige Narva – einst ein architektonisches Kleinod – wurde modern wieder aufgebaut und so beherrschen heute viele gesichtslose Plattenbauten die Stadt.

B13

Rund drei Kilometer vom Zentrum stromaufwärts befindet sich auf der **Insel Krenholm** die gleichnamige Textilmanufaktur. Der im 19. Jahrhundert erbaute Komplex beschäftigte zu Hochzeiten mehr als 10 000 Arbeiter. Um die Fabrik herum entwickelte sich ein Industriekomplex mit Krankenhaus, Arbeiterwohnhäusern und dem Krenholmer Park. Das riesige Fabrikgebäude wurde aus roten Backsteinen im englischen Stil errichtet und prägt bis in die Gegenwart das Gesicht der Stadt.

B13

Heute sind über 90 Prozent der Einwohner Narvas Russen, sie wurden nach dem Zweiten Weltkrieg hier angesiedelt, um in den Kraftwerken und der Textilindustrie zu arbeiten.

Nach der Unabhängigkeit Estlands blieben die meisten, doch die Brücke über die Narva war nun plötzlich eine internationale Grenze und die Verbindung zu Russland faktisch gekappt. Seit dem Beitritt Estlands zur EU verläuft hier die Ostgrenze der Europäischen Union.

Narva turismiinfokeskus
Peetri plats 3, 20308 Narva
✆ 359 91 37
www.tourism.narva.ee
Tägl. 10–16 Uhr

Hermannsfeste/Hermanni linnus
St. Peterburgi mnt 2, Narva
✆ 359 92 30, www.narvamuuseum.ee
Im Sommer tägl. 10–18 Uhr, im Winter nur Mi–So
Museum € 2/1,20, Familienticket € 4, Feste Eintritt frei
Der mächtige Nordwestturm, der Lange Hermann, gab der Festung ihren Namen. Als auf russischer Seite die Festung Iwangorod gebaut wurde, hat man ihn bis auf 50 m aufgestockt, damit man genau verfolgen konnte, was auf der anderen Seite des Flusses geschieht. Im Innern des Turmes ist das **Stadtmuseum** untergebracht, das die Geschichte Narvas vom 13. Jh. bis zur Gegenwart erzählt. Vom Wehrgang hat man den besten Blick auf Hermannsturm und die Festung Iwangorod. In einer Ecke des Burghofes steht die **letzte Leninstatue des Baltikums** und zeigt mit ausgestrecktem Arm in Richtung Russland.

Ende des 17. Jh. hat der dänische Architekt und spätere Generalgouverneur von Livland ein System von sieben Basteien um die eigentliche Burg errichtet. Sie erhielten die Namen Honor, Gloria, Victoria, Fama, Triumf, Fortuna und Spes. Auf der Bastei Victoria befindet sich der älteste Park von Narva, der dunkle Garten, auf Gloria steht die Kunstgalerie.

Kathedrale der Auferstehung/ Issandra ülestõusmise peakirik
Bastrakovi 4, Narva
Die orthodoxe Kirche im byzantinischen Stil wurde 1890–98 für die Arbeiter der Krenholmer Manufaktur errichtet. Im prächtig geschmückten Innenraum sind besonders die dreiteilige Ikonostasis und ein Kruzifix aus dem 17. Jh. sehenswert.

Kunstgalerie/Kunstigalerii
Vestervalli 21, Narva
✆ 359 21 51, www.narvamuuseum.ee
Mi–So 10–18 Uhr, Eintritt € 1,50/1, Familienticket € 3
Das dreistöckige Haus aus dem 18. Jh. auf der Bastei Gloria war einst Munitionslager, seit Anfang der 1990er-Jahre beherbergt es die Galerie des Narva Museums. Jedes

Jahr werden mehrere Wechselausstellungen in- und ausländischer Künstler gezeigt.

Ausflug nach St. Petersburg
Von Narva ist es kürzer nach St. Petersburg als nach Tallinn. Allerdings muss man sich schon in Deutschland ein Visum besorgt haben, um einen Abstecher nach Russland machen zu können. Die Busfahrt von Narva nach St. Petersburg dauert etwa drei Stunden.

Umgebung von Narva:

Narva-Jõesuu B13
Rund 14 km nordwestlich von Narva liegt an einem wunderschönen Sandstrand der Kurort Narva-Jõesuu. Der kilometerlange Strand, die Dünen und der Kiefernwald lockten Anfang des 20. Jh. viele Prominente aus Moskau und St. Petersburg in den Ort. Holzvillen und Kureinrichtungen entstanden, während der Sowjetzeit kamen Sanatorien, Erholungsheime und Ferienlager dazu. Heute bietet Narva-Jõesuu allerdings ein trauriges Bild, die Ferienheime stehen großteils leer und verfallen, der Kur- und Badebetrieb ist fast völlig zum Erliegen gekommen.

Pühtitsa-Kloster/Pühtitsa uinumise nunnaklooster C12
41201 Kuremäe
Tägl. geöffnet, Eintritt frei
Das 1892 auf einem Hügel bei dem kleinen Ort Kuremäe (ca. 70 km südwestlich von Narva) im russischen Stil

Narva ist das Zentrum der großen russischen Minderheit Estlands

Das russisch-orthodoxe Nonnenkloster Pühtitsa in Kuremäe ist …

errichtete Kloster ist das einzige russisch-orthodoxe Nonnenkloster Estlands. Die Klosteranlage umfasst mehrere Kirchen und ist von einer hohen Feldsteinmauer umgeben. In der gepflegten Anlage leben rund 170 Nonnen vollständig autark.

Toila B12

Die Steilküste zwischen Toila und Ontika, rund 50 km westlich von Narva, ist besonders beeindruckend, denn der Glint, die Bruchstufe aus Grünschiefer (Kalkstein), erreicht hier eine Höhe von bis zu 50 m. Bei Ontika liegt Estlands höchster Wasserfall, der allerdings im Sommer nur wenig Wasser führt. Von Toila aus kann man ausgedehnte Spaziergänge entlang der dicht begrünten Steilküste unternehmen.

Otepää

G10

Das ruhige Städtchen Otepää bildet mit rund 3000 Einwohnern das Zentrum des estnischen Hochlandes. Die wald- und seenreiche Umgebung bietet winters wie sommers ideale Möglichkeiten für Aktivurlaub. Das Wintersportgebiet von Otepää ist auch international durch seine Skilanglaufveranstaltungen bekannt. Das **Tehvandi-Sportzentrum** mit Skistadion, Loipen, Sprungschanze, Inlineskating- und Laufbahnen dient seit 1977 als internationales Trainingszentrum.

Auf dem **Burgberg** Linnamägi östlich des Zentrums gab es schon im 2. Jh. v. Chr. eine Siedlung. Vom 7. Jahrhundert an existierte auf dem Berg ein befestigtes Dorf, das die Ordensritter 1224 eroberten und dort dann die erste Steinfestung Estlands errichteten. Doch schon 1396 wurde die **Ordensburg** zerstört, heute sind von ihr nur noch wenige Mauerreste zu sehen.

… Besuchsziel für viele Pilger

Otepää turismiinfokeskus
Tartu 1, 67404 Otepää
✆ 766 12 00, www.otepaa.ee
Mitte Mai–Mitte Sept. Mo–Fr 10–17, Sa/So 10–16, Mitte Sept.–Mitte Mai Di–Fr 10–17, Sa 10–16 Uhr

Estnisches Flaggenmuseum/ Eesti lipu muuseum
Skimuseum/Otepää suusamuuseum
Jakob Hurt Museum/Jakob Hurda tuba
Kirikumõis, Otepää
✆ 765 50 75
Mit Voranmeldung, Eintritt frei
Die drei Museen der Stadt sind alle in einem Haus untergebracht. 1884 gab sich der Estnische Studentenverein eine blau-

Baum-
schwamm

schwarz-weiße Fahne, die später zur Nationalflagge werden sollte. Das Flaggenmuseum erinnert an diese Begebenheit. Im Skimuseum erfährt man etwas über die Geschichte der Winterhauptstadt Otepää und die einheimischen Skigrößen Kristina Smigun, Andrus Verpalu und Jaak Mae. Dem Bewahrer und Sammler estnischer Volksdichtung, dem Pfarrer Jakob Hurt, ist das dritte Museum Otepääs gewidmet.

Pühajärv

G10

Die Umgebung von Otepää ist mit über 100 Seen gesprenkelt. Der südlich vom Zentrum gelegene Pühajärv – der Heilige See – ist einer der malerischsten und ein beliebtes Naherholungsgebiet. Um den See, der fünf Inseln und zahlreiche Buchten besitzt und der in eine hügelige Waldlandschaft eingebettet ist, führt ein 12 km langer Wander- und Fahrradweg. Das Nordufer ist als Naturpark ausgewiesen und lockt mit einem schönen Sandstrand und einer Badeanstalt. Hier kann man auch Boote ausleihen. Im Park steht eine stattliche, rund 400 Jahre alte Eiche, die so genannte »Kriegseiche«. Ihr Name geht auf das Jahr 1841 zurück, als in ihrer Nähe aufständische Bauern bestraft wurden.

Harimägi

G10

Der Harimägi, südlich von Otepää, bringt es zwar nur auf eine Höhe von 211 m, damit ist er aber trotzdem

Malerische Ufer: der Pühajärv, der Heilige See, bei Otepää

einer der höchsten Tafelberge des Hügellandes. Auf dem Berg steht ein 28 m hoher hölzerner Aussichtsturm, von dem man einen weiten Rundblick genießt.

G10

Otepää seikluspark
Tehvandi 3, Otepää
✆ 504 97 83
www.seikluspark.ee
Tägl. 10–19 Uhr
Abenteuerliche Pfade hoch oben in den Bäumen. Zum Hangeln und Klettern, verschiedene Schwierigkeitsgrade machen den Park für Jung und Alt interessant.

Nuustaku Pubis
Nüpli, Otepää
✆ 766 82 10
www.nuustaku.ee
Tägl. 11–24 Uhr
Restaurant mit großer Terrasse oberhalb des Puhajärv-Sees. Abends gemütlicher Pub, oft mit Livemusik. €€

Tartu-Marathon
Laulupeo Ave 25, 51007 Tartu
✆ 742 16 44
www.tartumaraton.ee
Traditionsreicher Skimarathon Mitte Februar über 63 km zwischen Otepää und Elva, ausgetragen in klassischer Technik mit mehr als 4000 Teilnehmern aus aller Welt. Im September findet ein 89 km langes Mountainbike-Rennen mit rund 4500 Teilnehmern ebenfalls von Otepää nach Elva statt.

Umgebung von Otepää:

G10

Schloss Sangaste/Sangaste loss
67001 Sangaste
✆ 767 93 00
www.sangasteloss.ee
Auf halbem Weg zwischen Otepää und Valga liegt das kleine Dorf Sangaste, dessen größte Sehenswürdigkeit das etwa 3 km südwestlich gelegene gleichnamige Schloss darstellt. Graf Friedrich Gustav von Berg ließ das prächtige Gebäude im Tudor-Stil 1874–81 nach dem Vorbild des englischen Windsor Castle erbauen. Nach gründlicher Renovierung kann man in dem Schloss nun in einigen sehr schönen Zimmern und Suiten übernachten. €€–€€€

H9

Valga
Die südlichste Stadt Estlands liegt am Fluss Pedali. Mitten durch die Stadt verläuft die estnisch-lettische Grenze, auf lettischer Seite befindet sich die Zwillingsstadt Valka. Valga besitzt nur ein kleines historisches

Zentrum mit einigen alten Holzhäusern, in deren Mitte sich die klassizistische Johanneskirche erhebt, die durch ihren ovalen Grundriss einmalig in Estland ist. Das nahe Rathaus stammt aus dem Jahr 1865 und zählt zu den schönsten Holzhäusern der Stadt.

Jõgeveste

G9

Bei dem kleinen Dorf Jõgeveste, rund 30 km nördlich von Valga, befindet sich das klassizistische Mausoleum für Michael Andreas Barclay de Tolly (1761–1818). De Tolly stammte aus einer baltischen Adelsfamilie, hatte aber schottische Wurzeln. Er war erster Generalgouverneur im von Russland annektierten Finnland, russischer Kriegsminister und Oberbefehlshaber der Armee. Seine Witwe ließ 1823 das prachtvolle Mausoleum in Jõgeveste errichten. Es ist nur von außen zu besichtigen.

6 Tartu

F10/11

Die Universitäts- und Hansestadt Tartu, am Emajõgi-Fluss gelegen, ist mit 103 000 Einwohnern zweitgrößte Stadt des Landes und das Zentrum Südestlands. Die älteste Stadt des Baltikums fühlt sich von jeher als geistiges Zentrum, durchaus zu Recht, denn schon 1632 hat der schwedische König Gustav II. Adolf die örtliche Universität gegründet, die damit die älteste in Estland ist. So verwundert es auch nicht, dass die Studenten das Stadtbild prägen und einen großen Einfluss auf das kulturelle Leben haben.

Tartu ist das ganze Jahr über eine quicklebendige Stadt: Im Frühjahr sorgen die Studententage für Lebenslust, im Sommer finden die Hansetage und zahlreiche Musikfestivals statt. Im Herbst erobern die Studenten die Stadt erneut an den Studententagen und im Dezember verspricht Tartu eine stimmungsvolle Weihnachtszeit.

Doch nicht immer ging es in Tartu so friedlich zu, denn mehr als 50 Mal war die Stadt im Laufe ihrer langen Geschichte Opfer von Kriegen, Plünderungen und Zerstörungen.

Das heutige Stadtbild wird geprägt von einem Ensemble klassizistischer Häuser, die schönsten findet man um den trapezförmigen **Rathausplatz** (Raekoja plats). Sofort ins Auge fällt der Brunnen vor dem Rathaus, in dessen Mitte sich die Skulptur eines sich küssenden Studentenpaares erhebt. Das gegenwärtige – 1786 eingeweihte – **Rathaus** (Raekoda) ist bereits das dritte an dieser Stelle, die Vorgängerbauten wurden alle Opfer der Flammen. Vor dem Rathaus befand sich früher der Große Markt, heute ist der Platz mit seinen Freiluftcafés und Restaurants der Touristenmagnet schlechthin. Ein Stück weiter zum Fluss fällt auf der Nordseite des Rathausplatzes ein schiefes Gebäude ins Auge, in dem das **Kunstmuseum** untergebracht ist.

F10/11

Skulptur zweier sich küssender Studenten vor dem Rathaus in Tartu

Biegt man beim Rathaus in die Ülikooli ein, kommt man bald zum schneeweißen **Hauptgebäude der Universität** (Tartu ülikool), einem der bemerkenswertesten klassizistischen Bauwerke im Land. Das Gebäude wurde 1804–09 nach Plänen des Universitätsarchitekten J. W. Krause erbaut.

Die Verlängerung der Ülikooli bildet die Jaani-Straße, in der mit der frühgotischen **Johanneskirche** (Jaani kirik) einer der wichtigsten Geschichtszeugen der Stadt steht. Die dreischiffige Basilika mir dem imposanten Westturm ist vor allem wegen ihrer Terrakottaskulpturen bekannt. Einst war sie mit etwa 2000 Stück geschmückt, von denen heute noch die Hälfte zu sehen sind. Am Ende des Zweiten Weltkriegs war die stolze Kirche eine ausgebrannte Ruine, doch seit kurzem sind die Rekonstruktionsarbeiten abgeschlossen. Der Innenraum zeigt allerdings noch deutliche Spuren der Kriegsschäden.

Hinter dem Rathaus erhebt sich der **Domberg** (Toomemägi), der aus zwei durch einen Einschnitt getrennten Hügelkuppen besteht. Geht man die Lossi-Straße bergan, kommt man zur so genannten **Engelsbrücke**, die 1816 fertiggestellt wurde. Ein Stück weiter überspannt eine weitere Brücke das Tal zwischen den beiden Hügeln, die **Teufelsbrücke**, erbaut 1913.

Der Domberg ist das geschichtsträchtigste Terrain Tartus, denn hier stand schon eine altestnische Burg, später eine Ordensburg und bis heute die **Domkirche** (Toomkirik). Diese – im 13. Jahrhundert begonnen – war schon am Ende des Livländischen Krieges im 16. Jahrhundert eine Ruine. Später wurde der Chor zur Universitätsbibliothek umgebaut und beherbergt heute das **Historische Museum der Universität Tartu**. Der Domberg ist ein stiller Park mit Schatten spendenden Bäumen und eignet sich hervorragend für Spaziergänge. Überall sieht man Skulpturen und Denkmäler, die an die Größen der hiesigen Universität erinnern.

Tartu turismiinfokeskus F10/11
Raekoja plats 14, 51004 Tartu
✆ 744 21 11
www.tartu.ee
Mitte Mai–Mitte Sept. Mo–Fr 9–18, Sa/So 10–17, sonst Mo 9–18, Di–Fr 9-17, Sa/So 10–14 Uhr

AHHAA Science Centre Foundation/ Teaduskeskus AHHAA
Sadama 1, Tartu
✆ 745 67 89, www.ahhaa.ee
So–Do 10–19, Fr/Sa 10–20 Uhr
Eintritt € 12/9, Familienticket € 26
Interaktive wissenschaftliche Ausstellungen.

Biermuseum der Brauerei A. Le Coq
Tähtvere 56–62, Tartu
✆ 744 97 11, www.alecoq.ee
Di–Sa 9–17 Uhr, Führungen 14, Sa auch 10 und 12 Uhr
Eintritt € 3/1
Brauereigeschichte und Bierproduktion heute. Natürlich kann man sich auch von der Qualität des A. Le Coq-Bieres überzeugen.

Estnisches Nationalmuseum/ Eesti rahva muuseum
Kuperjanovi 9, Tartu
✆ 735 04 45, www.erm.ee, Di–So 11–18 Uhr, Eintritt € 2
Im Nationalmuseum wird die ethnologische und kulturelle Geschichte des Landes beleuchtet, besonderes Augenmerk liegt auf dem ländlichen Leben des 19. und 20. Jh.

Historisches Museum der Universität Tartu/ Tartu ülikooli ajaloomuuseum
Lossi 25, Tartu
✆ 737 56 77, www.ajaloomuuseum.ut.ee
Mi–So 11–17 Uhr, Eintritt € 1,60/1, Familienticket € 3,80
Im Mittelpunkt der permanenten Ausstellung steht die Geschichte der Universität vom 17. Jh. bis heute.

Tartuer Kunstmuseum/Tartu kunstimuuseum
Raekoja plats 18, Tartu
✆ 744 10 80, www.tartmus.ee
Mi–So 11–18 Uhr
Eintritt € 3/1,50, Familienticket € 6, letzter Fr im Monat frei
Das Museum in dem schiefen Haus zeigt sehenswerte Ausstellungen estnischer, russischer und westeuropäischer Kunst, hauptsächlich Gemälde und Skulpturen.

F10/11

Tartuer Spielzeugmuseum/ Tartu mänguasjamuuseum
Lutsu 8, Tartu
✆ 736 15 50, www.mm.ee
Mi–So 11–18 Uhr, Eintritt € 4/3, Familienticket € 10
Das Haus ist vollgestopft mit Puppen und Spielzeug.

Tartu Stadtmuseum/Tartu linnamuuseum
Narva mnt. 23, Tartu
✆ 746 19 11, http://linnamuuseum.tartu.ee/
Di–Sa 11–18 Uhr, Eintritt € 2/1, Familienticket € 5
In einem Haus von 1740 untergebracht, zeigt das Museum Biedermeier-Einrichtungen aus der Zeit um 1830.

Pallas Hotell
Riia 4, Tartu
✆ 730 12 00, www.pallas.ee
Pallas war die erste Kunsthochschule Estlands, die an dieser Stelle stand, bis sie 1944 den Bomben zum Opfer fiel. Von außen ist das Hotel Pallas mitten in einem modernen Einkaufszentrum keine Schönheit. Doch einige Zimmer sind farbstarke Meisterwerke moderner Kunst, 1999 für das beste Interieur ausgezeichnet. Unbedingt die Website anschauen und das Wunschzimmer aussuchen.

Atlantis
Narva Mnt. 2, Tartu
✆ 738 54 95, www.atlantis.ee
Mo–Do 12–24, Fr/Sa 12–1, So 12–18 Uhr
Das nicht zu übersehende Gebäude aus den 1970er-Jahren ist keine Schönheit, überzeugt aber durch seine Lage am Fluss. Im Sommer große Terrasse, Restaurant mit internationaler Küche, abends Club-Atmosphäre. €€€

Volga
Küütri 1, Tartu
✆ 730 54 44, Mo–Do 12–0, Fr/Sa 12–1 Uhr
Tartus größtes Restaurant beeindruckt durch sein Art-déco-Interieur im Stil der 1930er-Jahre. Den Küchenchef warb man von der Ammende Villa in Pärnu ab. Am Wochenende Livemusik. €€€

Püssirohu Kelder
Lossi 28, Tartu
✆ 730 35 55, www.pyss.ee
Mo–Do 12–2, Fr/Sa 12–3, So 12–24 Uhr
Früher war hier der unterirdische Pulverkeller im Domberg, heute ist das Backsteingewölbe eine urige Kneipe.

Antoniusgilde
Lutsu 5, Tartu
✆ 742 38 23, www.antonius.ee
Di–Fr 12–18 Uhr

Hier kann man diversen Kunsthandwerkern bei der Arbeit zuschauen und besonders originelle Stücke erwerben.

Veranstaltungen
Der **Tartu-Tag** wird am 29. Juni mit viel Musik gefeiert, die **Hansetage** (www.tartu.ee/hansa) finden Mitte Juli statt und Mitte Oktober kommen die Studenten wieder in die Stadt und feiern die **Studententage** (www.studentdays.ee), dann noch größer als im Frühjahr.

Umgebung von Tartu:

7 Peipsisee/Peipsi järv

D–F 11/12

Der Emajõgi, der durch Tartu fließt, mündet rund 30 km östlich der Stadt in den Peipsisee. Der viertgrößte See Europas bringt es auf beeindruckende 140 km Länge und 50 km Breite, mitten durch den See verläuft die Grenze zu Russland. Verlässt man Tartu in nordöstlicher Richtung über die Straße 43, kann man ab Kallaste der Uferstraße bis nach Vasknarva an der russischen Grenze folgen. Die Ufer sind über weite Strecken mit Schilf bewachsen, so dass man nur recht selten einen freien Blick auf den See erhascht. Beim kleinen Städtchen Mustvee gibt es jedoch einen kleinen Hafen und einen Sandstrand.

Besonders reizvoll ist das Nordufer des Peipsisees in der Nähe von Kauksi, das als einziger Ort auch ein wenig touristische Infrastruktur bietet. Hier erstrecken sich kilometerlange, menschenleere Sandstrände mit Dünen und dichten Kiefernwäldern. Das Wasser des nur wenige Meter tiefen Sees erwärmt sich im Sommer auf durchaus angenehme Badetemperatur.

Fischer am Peipsisee, dem viertgrößten See Europas

8 Pärnu

Rund 44 000 Einwohner leben in der viertgrößten Stadt des Landes an der Mündung des Pärnuflusses in die Ostsee. Wegen des langen und bis zu 100 Meter breiten Sandstrandes ist Pärnu die beliebteste Sommerfrische Estlands und über die Landesgrenzen hinaus als Kurort und Sommerhauptstadt bekannt. Während ihrer mehr als 750-jährigen Geschichte war die Stadt Mitglied der Hanse und gehörte zeitweise zu Litauen, Polen, Schweden, Deutschland und Russland.

Der Aufstieg Pärnus zum international anerkannten **Kurort** begann 1838 mit dem Umbau eines alten Wirtshauses in eine Badeanstalt. In den Wannen mit erwärmtem Seewasser konnten sich Kurgäste entspannen, selbst wenn es am Strand mal nicht so warm war. Heute steht an Stelle des im Ersten Weltkrieg abgebrannten Hauses die prachtvoll sanierte, neoklassizistische **Schlammbadeanstalt**. Von Beginn an hat die Stadt ihr Kurangebot konsequent ausgebaut und großzügige Parks und Alleen angelegt. Zahlreiche Pensionen, stattliche Holzvillen, Gasthäuser, Restaurants, Cafés und Hotels machten den Ort immer attraktiver. Mit dem Ausbruch des Zweiten Weltkriegs, der große Teile der Stadt zerstörte, war das Goldene Zeitalter abrupt beendet. Doch schon kurz nach dem Krieg wurde Pärnu wieder ein beliebter Urlaubsort, diesmal für verdiente Parteigrößen aus Moskau und St. Petersburg (Leningrad).

Heute besitzt Pärnu wieder viele zeitgemäß sanierte Kur- und Rehaeinrichtungen, die sich besonders bei finnischen Urlaubern großer Beliebtheit erfreuen. Zu Recht,

Am Südufer des Peipsisees leben die orthodoxen Setus, die ihre alte Sprache und Gebräuche erhalten haben

Jugendstilbau von 1905: die Ammende Villa in Pärnu

denn die Angebote sind preislich sehr attraktiv und bieten von Wasseranwendungen, über Krankengymnastik, Bewegungstherapie und Salzkabinett bis hin zu Schlammpackungen alles, was der Körper zum Wohlfühlen oder zur Genesung benötigt.

Stolz sind die Pärnuer auch darauf, das erste Jazzfestival organisiert, die erste Zeitung herausgegeben und die ersten Fahrradwege Estlands angelegt zu haben. Und die erste Dichterin des Landes – Lydia Koidula – kommt natürlich auch aus Pärnu.

Das Stadtbild besteht aus einer Mischung aus schönen alten Holzvillen, von denen viele mittlerweile einen neuen Anstrich bekommen haben, und Betonbauten aus der Sowjetzeit. Besonders auffällig ist die **Ammende Villa**, ein 100 Jahre alter, verspielter Jugendstilbau mit Türmchen inmitten eines großen Parks. Heute beherbergt die Ammende Villa ein Luxushotel.

Die Altstadt, der Strand und die Kureinrichtungen liegen auf einer Landzunge zwischen Meer und Pärnufluss. Die Haupteinkaufsstraße **Rüütli** ist Fußgängerzone und verläuft schnurgerade mitten durch die Altstadt. In den kleinen Läden bekommt man alles, was das Herz begehrt. Nur wenige Schritte von der Rüütli entfernt erhebt sich das **Rathaus** (Raekoda), das in einem gut 200 Jahre alten ehemaligen Kaufmannshaus untergebracht ist. Die schönsten Barockgebäude der Stadt sind die orthodoxe **Katharinenkirche** (Katharina kirik) und die protestantische **Elisabethkirche** (Eliisabeti kirik).

Von der Stadtbefestigung existieren nur noch Reste: aus dem 15. Jahrhundert der **Rote Turm** (Punane torn) und das **Tallinner Tor** (Tallinna värav), das letzte von einst fünf Stadttoren, am westlichen Ende der Kunniga. In seiner Nähe sind noch Teile des Wallgrabens aus dem 17. Jahrhundert erhalten. Jenseits von Tallinner Tor und Wallgraben beginnt das Kurviertel mit Alleen und Parks, die oft von schönen, alten Holzhäusern gesäumt sind.

Die evangelische Elisabethkirche in Pärnu

Pärnu turismiinfokeskus
Uus 4, 80011 Pärnu
✆ 447 30 00
www.visitparnu.com
Mitte Mai–Mitte Sept. tägl. 9–18, sonst Mo–Fr 9–17, Sa/So 10–14 Uhr

Elisabethkirche/ Eliisabeti kirik
Nikolai 22, Pärnu
Mo–Sa 12–18, So 10–13 Uhr
1774–47 erbaute evangelische Kirche.

Katharinenkirche/ Ekateriina kirik
Vee 16, Pärnu
Mo–Fr 11–18, Sa/So 9–18 Uhr
In kräftigen Farben gestrichene orthodoxe Kirche mit sehenswertem Inneren, 1764–68 von Katharina II. erbaut.

Koidula Park und Rannapark
Der Koidula Park im Anschluss an die Altstadt ist eine grüne Oase mit Blumenbeeten und Springbrunnen, der 1882 angelegte Rannapark erstreckt sich in Strandnähe und bietet neben vielen alten Bäumen einige sehenswerte Skulpturen.

Lydia Koidula Museum/Koidula muuseum
Jannseni 37, Pärnu
✆ 443 33 13, www.pernau.ee
Di–Sa 10–17, Juni–Aug. bis 18 Uhr
Eintritt € 2/1
Das Museum ist im ehemaligen Schulhaus von 1850 untergebracht. Es ist der bedeutendsten Schriftstellerin Estlands gewidmet, die hier zur Schule ging.

Pärnus Kunstmuseum/ Pärnu uue kunsti muuseum
Esplanaadi 10, Pärnu
✆ 443 07 72
www.chaplin.ee
Tägl. 9–19, Juni–Aug. bis 21 Uhr Eintritt € 2/1
Einst wurde es als Chaplin Center im ehemaligen Hauptquartier der Kommunistischen Partei gegründet, heute beherbergt das Haus ein äußerst interessantes Museum für Moderne Kunst mit laufend wechselnden Ausstellungen.

Pärnu muuseum
Aida 3, Pärnu
✆ 443 32 31, www.pernau.ee

Di–So 11–19 Uhr, Eintritt € 4/2, Familienticket € 10
Hier wird die Geschichte Pärnus von der Steinzeit bis zur Gegenwart veranschaulicht.

Ammende Villa
Mere pst 7, Pärnu
✆ 447 38 88
www.ammende.ee
Pärnus exklusives Hotel in einer Jugendstilvilla von 1905. Hervorragendes Restaurant mit französisch-mediterraner Küche . Im Sommer jeden Donnerstag klassische Konzerte im Garten oder im Salon. €€€

Steffani Pizzarestoran
Nikolai 24, Pärnu
✆ 443 11 70, www.steffani.ee
Tägl. 11–24, Fr/Sa bis 2 Uhr
Vorzügliche Pizzen, die als Steinofen- oder Pfannenpizza serviert werden. Schönes Gartenlokal in einer ruhigen Seitenstraße, immer gut besucht. €€

Seegi Maja
Hospidali 1, Pärnu
✆ 443 05 50, www.seegimaja.ee, tägl. 12–24 Uhr
Im einstigen Armenhaus von Pärnu speist man heute stilvoll und fürstlich wie im 17. Jh. €€

Kuursaal
Mere pst 22, Pärnu
✆ 442 03 68, www.kuur.ee
Di–Fr 20–2, Sa bis 4 Uhr

Auf dem Markt in Pärnu

Populäres Restaurant in Strandnähe im ehemaligen Kursaal von 1890. Am späteren Abend oft Livemusik. E

F6

Tervise Paradiis
Side 14, Pärnu
✆ 445 16 66, www.terviseparadiis.ee
Tägl. 11–22, Juni–Aug. ab 10 Uhr
Tagesticket € 19/14, Familienticket € 52, Mo–Do günstiger
Der Aquapark, der größte Estlands, gehört zum gleichnamigen Hotel, liegt in Strandnähe und ist mit mehreren Rutschen und Pools ausgestattet.

Spa und Kuren in Pärnu
Pärnus Sanatorien und Spa-Hotels sind über die Landesgrenzen hinaus bekannt und bieten Gästen eine Vielzahl von Behandlungen und Anwendungen zu äußerst attraktiven Preisen.

– Spa Estonia
Tammsaare pst 4A, Pärnu
✆ 447 69 05
www.spaestonia.ee

– Tervise Paradiis
Side 14, Pärnu
✆ 445 16 06
www.terviseparadiis.ee

– Viiking
Sadama 15, Pärnu
✆ 449 05 00
www.viiking.ee

Umgebung von Pärnu:

E/F 7/8

Soomaa-Nationalpark
Der 370 km^2 große und 1993 eingerichtete Soomaa-Nationalpark liegt östlich von Pärnu und wird durch die Hochmoore der Pärnuniederung gebildet, die von mehreren Flüssen durchzogen ist.

Moosreiche Heideflächen, Kiefernwälder, aber auch feuchte Bruch- und Moorwälder prägen diese fast menschenleere Landschaft. Der Pegel der Flüsse im Soomaa schwankt im Laufe der-Jahreszeiten stark, und da die flache Landschaft ein schnelles Abfließen der Wassermassen verhindert, kommt es im Nationalpark im Frühjahr häufig zu Überschwemmungen.

Außerhalb der Überschwemmungszeit ist der Soomaa-National-

Aus der estnischen Küche nicht wegzudenken: Preiselbeeren

Kanutour im Soomaa-Nationalpark

park durch mehrere mit dem Auto zu befahrende Straßen relativ gut zu erreichen und bietet viele Möglichkeiten zum Wandern und Kanufahren. Im Informationszentrum bekommen Besucher viele Tipps für Aktivitäten im Nationalpark (Soomaa Besucherzentrum, Kõrtsi-Tõramaa, 71211 Viljandi, ✆ 435 71 64, 526 19 24, www.soomaa.ee, Mitte April–Mitte Sept. tägl. 10–18, sonst Di–Sa 10–16 Uhr).

Sooma.com bietet geführte Tagesausflüge in den Soomaa-Nationalpark, professionelle Betreuung bei Moorwanderungen sowie Kanutouren. Gruppen werden nach Wunsch auch in Pärnu abgeholt (www.soomaa.com, ✆ 506 18 96).

Estnisches Eisenbahnmuseum/
Eesti muuseumraudtee
87001 Lavassaare
✆ 527 25 84, www.museumrailway.ee
Juni–Aug. tägl. 11–18, So bis 17, Sept. Sa 11–18, So 11–17 Uhr, Eintritt € 5/3

E6

Das Eisenbahnmuseum liegt 24 km von Pärnu in Richtung Haapsalu. Gezeigt werden Lokomotiven aus Estland, Lettland und Litauen. An Samstagen werden Fahrten mit den alten Lokomotiven angeboten.

Rakvere

B10

Schon Anfang des 13. Jahrhunderts gab es auf dem **Vallimägi-Hügel**, der heute westlich vom Stadtkern liegt, eine hölzerne Festung und auf dem heutigen Theaterberg ein kleines Dorf. Nach der Eroberung durch die Dänen erbauten diese eine steinerne Festung. Dank der günstigen Lage an der Kreuzung verschiedener Handelswege wuchs die Siedlung um diese Festung weiter an, deshalb verlieh der dänische König ihr schon im Jahr 1302 das Lübische Stadtrecht. Anfang des 17. Jahrhunderts schenkte der schwedische König Gustav II. Adolf die Stadt und das Umland dem Adligen Reinhold von Brederode, im 18. Jahrhundert war Rakvere Privatbesitz der Familie Tiesenhausen. Erst die Eröffnung der Eisenbahnlinie zwischen Tallinn und St. Petersburg brachte für die Stadt einen Wachstumsschub.

Zentrum Rakveres ist der modern gestaltete **Marktplatz**, den nur noch wenige ältere Gebäude wie das 1898 aus roten Ziegelsteinen erbaute Wirtshaus **Berliini Trahter** flankieren. In westlicher Richtung gelangt man zur **Dreifaltigkeitskirche** (Rakvere kolmainu kirik), die ihre heutige Form Ende des 17. Jahrhundert erhielt, doch schon im 15. Jahrhundert gab es an gleicher Stelle eine Kirche im gotischen Stil, die sowohl im Livländischen Krieg (1558–83) als auch im Nordischen Krieg (1700–21) weitgehend zerstört wurde. Um die **Pikk-Straße**, an der die Kirche steht, entwickelte sich die Stadt im Mittelalter, bis heute ist sie eine der wichtigsten Geschäftsstraßen von Rakvere geblieben.

Auf dem Vallimägi-Hügel westlich vom Zentrum thront die mächtige Ruine der einstigen dänischen **Ordensburg** (Rakvere linnus). Die erhaltenen Mauern stammen aus dem 14. bis 16. Jahrhundert. Im Laufe ihrer langen und wechselvollen Geschichte gehörte sie den Dänen, dem Deutschen Orden, den Russen, den Schweden und den Polen. In den Kriegen des 16. und 17. Jahrhunderts zerstört, verlor sie ihre Bedeutung als Festung und wurde als Steinbruch genutzt. Der Eigentümer des Gutes Rakvere, Reinhold von Brederode, war bis zur Bodenreform 1919 auch Eigentümer der Burgruine, danach ging sie in den Besitz der Stadt Rakvere über. Seit 1975 wurden umfangreiche Konservierungs- und Restaurierungsarbeiten durchgeführt.

Auf dem Burghügel steht weithin sichtbar die Statue des **Auerochsen**, nach dem Stadt und Burg benannt sind. Sie wurde 2002 zum 700. Jahrestag der Verleihung der Stadtrechte aufgestellt.

Rakvere turismiinfokeskus
Laada 14, 44310 Rakvere
© 324 27 34
www.rakvere.ee
Mo–Fr 9–17, Sa/So bis 15, im Winter Sa/So nur 13–14 Uhr

Dreifaltigkeitskirche/Rakvere kolmainu kirik
Pikk 19, Rakvere
© 551 37 71
Mitte Mai–Sept. Mo–Fr 11–17, So 10.30–12.30 Uhr

Hausmuseum eines Stadtbürgers/ Linnakodaniku majamuuseum
Pikk 50, Rakvere

✆ 324 42 48, www.svm.ee
Mai–Sept. Di–Sa 11–17, Okt.–April Di–Fr 11–17, Sa 11–15 Uhr, Eintritt € 1,60/1
Vier Räume eines wohlhabenden Stadtbürgers zu Anfang des 20. Jh.

Ordensburg Rakvere/Rakvere linnus
Rakvere
✆ 322 55 00, www.svm.ee
Mai–Sept. tägl. 11–19 Uhr, sonst auf Anfrage
Eintritt € 4,50/3,50, Familienticket € 9
Im Konventsgebäude gibt es Ausstellungen über den Livländischen Orden und die Burg, außerdem eine Folterkammer und einen Weinkeller. Im Vorhof lockt ein Kinderspielplatz mit mittelalterlichen Attraktionen und die Kneipe/Restaurant Ivo Šenkenberg.

Stadtmuseum/Näitustemaja muuseum
Tallinna 3, Rakvere
✆ 322 55 03, www.svm.ee
Mo–Fr 10–17, Sa 10–15 Uhr
Eintritt € 2/1,30, Familienticket € 4
Verschiedene Ausstellungen in einem Haus von 1780: die älteste Bank des Landkreises, Arrestzellen, Vogtgericht, Geschichte der Spiritusherstellung.

Umgebung von Rakvere:

Schloss Kalvi/Kalvi mõis B10
43401 Kalvi
✆ 339 53 00
Das prächtige Schloss im neogotischen Stil wurde zwischen 1908 und 1912 von Nicolai von Stackelberg errichtet, nachdem ein Feuer den Vorgängerbau verwüstet hatte. Während der Sowjetzeit diente es als Sanatorium, seit 2002 beherbergt es nach einer umfassenden Rekonstruktion ein sehr ansprechendes Hotel. Der gepflegte Park kann besichtigt werden. Im Restaurant mit edlem Interieur wird internationale Küche serviert, im Sommer ist die Terrasse hinter dem Haus geöffnet. Günstige Pastagerichte, sonst eher hochpreisig (€€€).

Burg Toolse/Toolse ordulinnus B10
45401 Toolse
✆ 322 55 00, www.svm.ee
Juni–Aug. Sa/So 11–19 Uhr, sonst Besuch für Gruppen auf Vorbestellung möglich
Schatzjagd € 4,80
Nordwestlich von Kunda liegt am Meer die Ruine der Burg von Toolse. Als eine der letzten Burgen Estlands wurde sie im 14. Jh. zum Schutz des Hafens und des Handelsplatzes errichtet. Im Nordischen Krieg, Anfang des 18. Jh., wurde die Burg endgültig zerstört.

Einen Abstecher wert: die an der Ostsee gelegene Burgruine Toolse

Zementmuseum Kunda/ Kunda tsemendimuuseum
Jaama 11, 11406 Kunda
✆ 322 21 70, www.kunda.ee
Mitte Mai–Mitte Sept. Di–Fr 9–18, Sa 11–16, sonst Mo–Fr 9–17 Uhr, Eintritt € 2/1, Familienticket € 4
Kunda, 25 km nordöstlich von Rakvere, ist seit Eröffnung der Fabrik im Jahr 1872 das Zentrum der estnischen Zementproduktion. Der Ort hat jahrzehntelang unter dem Staub der Zementherstellung gelitten. Architektonisch bietet er nur wenig Spektakuläres. Auf dem Fabrikgelände informiert ein Museum über die Geschichte der Zementherstellung. In der Nähe ist ein Flaschenofen aus den 1870er-Jahren zu sehen – der einzige seiner Art.

C8

A. H. Tammsaare Museum/ A. H. Tammsaare muuseum
73402 Albu
✆ 385 90 20, www.tammsaare.albu.ee
Mitte Mai–Mitte Sept. Di–So 11–18, Mitte Sept.–Mitte Mai Mi–So 10–15 Uhr
Eintritt € 1,60/1, Familienticket € 4,80
Im Geburtshaus des bekanntesten estnischen Schriftstellers Anton Hansen Tammsaare sind Ausstellungen, die über sein Leben und Werk Auskunft geben, zu sehen. Im Sommer werden Theatervorstellungen organisiert.

E–G 1–4

Saaremaa

Die größte Insel Estlands ist relativ flach und besteht aus Dolomit- und Kalkstein, die höchste Erhebung misst nur 54 Meter. Durch eine Brücke und einen Damm ist Saaremaa mit der kleineren **Insel Muhu** verbunden, die Verbindung zum Festland unterhält eine Fähre, die in der Hochsaison fast stündlich zwischen Kuivastu und Virtsu verkehrt.

Saaremaas Küsten sind durch zahlreiche Buchten und Halbinseln stark gegliedert, bei **Panga** im Norden findet man kilometerlange Steilküsten, hier tritt der Untergrund aus Kalkstein besonders deutlich zu Tage. Die Südküste ist überwiegend flach, die meisten Strände sind hier steinig, Sandstrände relativ selten.

Saaremaa ist nur dünn besiedelt, die einzige Stadt **Kuressaare** liegt an der Südküste, ansonsten gibt es nur kleinere Dörfer und Einzelgehöfte. Moore, Kiefern- und Birkenwälder, Wiesen und Äcker bestimmen über weite Strecken das Landschaftsbild. Während der Sowjetzeit war Saaremaa militärisches Sperrgebiet, das auch Esten nur mit Sondergenehmigung betreten durften. Aus diesem jahrzehntelangen Dornröschenschlaf ist die Insel mittlerweile erwacht und zieht jedes Jahr mehr Touristen an, doch Ruhe und Einsamkeit findet man noch überall.

Frauenschuh: nur eine von insgesamt 36 Orchideenarten, die in Estland zu finden sind

9 Kuressaare

F2

Der Hauptort Kuressaare, ein ruhiges 16 000-Einwohner-Städtchen, erstreckt sich um die **Bischofsburg** (Piiskopilinnus) aus dem 14. Jahrhundert. Diese zählt zu den bedeutendsten Baudenkmälern Estlands und ist einzigartig im gesamten Baltikum. Mit dem Bau der Burg, die als typisches Konventsgebäude mit viereckigem Grundriss angelegt wurde, begann man vermutlich um 1340. Bis zu ihrer Fertigstellung vergingen rund 40 Jahre, urkundlich erwähnt wurde sie erstmals im Jahr 1384. Die strenge, geometrische, spätgotische Architektur verleiht ihr Schönheit, die über 20 Meter hohen, fast fensterlosen Mauern vermitteln den Eindruck von Uneinnehmbarkeit. An der Nordostecke erhebt sich ein siebenstöckiger Wehrturm, der schlanke und höhere Wachturm wurde erst Mitte des 16. Jahrhunderts vollendet. Im Laufe der-

Die Bischofsburg von Kuressaare ist die wohl besterhaltene mittelalterliche Burg im Baltikum

Jahrhunderte wurde die Burg mit einer Ringmauer ausgestattet, mit Kanonentürmen verstärkt und mit Erdwällen, Bastionen und Wassergräben umgeben.

Um dieses System von Wällen und Gräben schmiegt sich ein grüner Gürtel, an den sich die Altstadt mit einigen schönen Holzhäusern anschließt. In der Nähe des Eingangs zur Burg steht das alte hölzerne **Kurhaus** (Kuurhoone) vom Ende des 19. Jahrhunderts, in dem heute ein Café untergebracht ist. Folgt man von der Burg der Lossi-Straße, die von klassizistischen Häusern gesäumt wird, kommt man zum zentralen Platz der Altstadt, dem **Keskväljak**. Hier fallen das 1670 errichtete **Rathaus** (Raekoda) und gegenüber das ehemalige **Waagehaus** (Vaekoda), heute ein Restaurant, ins Auge.

Kuressaare turismiinfokeskus
Tallinna 2, 93813 Kuressaare
✆ 453 31 20, www.kuressaare.ee
Mo–Fr 9–18, Sa/So 10–16 Uhr

Saaremaa Museum/Saaremaa muuseum
Lossihoov 1, Kuressaare
✆ 455 44 63, www.saaremaamuuseum.ee
Mai–Aug. tägl. 10–19, Sept.–April Mi–So 11–18 Uhr
Eintritt € 5/2,50
Im Innern der Ordensburg ist das Saaremaa Museum untergebracht, das die Geschichte der Insel seit dem 14. Jh. zeigt. Sehenswert sind außerdem die Wohn- und Repräsentationsräume sowie Refektorium, Dormitorium und die Kapelle, die sich im zweiten Stock befinden.

Veski Trahter
Pärna 19, Kuressaare
✆ 453 37 76, www.veskitrahter.ee
Tägl. 12–21, Fr/Sa bis 22 Uhr
Die über 100 Jahre alte Holländer-Windmühle aus Dolomitgestein beherbergt schon seit 30 Jahren ein Restaurant. Im Innern gibt es vier urig-gemütliche Stockwerke, im Sommer sitzt man luftig auf dem hölzernen Umgang. Auf der Speisekarte stehen typisch estnische Gerichte: Hering mit saurer Sahne und Zwiebeln, Schweinebraten mit Sauerkraut oder Wildschwein in Weinsauce. €€

Cafe Bruno
Tallinna 9, Kuressaare
✆ 455 50 58
Mo–Fr 9–21, Sa 12–3 Uhr
Ein gemütliches Café mitten in Kuressaare mit leckeren Kleinigkeiten.

Vaekoda Pub
Tallinna 3, Kuressaare
✆ 453 30 20, www.vaekoda.ee
Mo–Do 12–22, Fr/Sa 12–7, So 12–21 Uhr

Gemütlicher Pub mit kleiner Speisekarte im ehemaligen Waagehaus. Im Sommer herrscht auf der großen Terrasse auf dem Keskväljak bis spät in die Nacht Hochbetrieb. €

Kunstgalerii
Lossi 5, Kuressaare
Mo–Fr 10–18, Sa 10–15 Uhr
Hochwertiges Kunsthandwerk, Wechselausstellungen, Bilder, Keramik, Textilien.

Veranstaltungen und Feste in Kuressaare
Ende Juni/Anfang Juli findet das **Walzerfest** im Burghof statt, in der ersten Julihälfte die **Schlosstage** und die **Schlossmusiktage**, Ende Juli die **Operntage** im Burghof, Anfang August die **Meerestage** in der Bucht von Tori und Mitte August folgen die **Kammermusiktage**.

Kuren in Kuressaare
Kuressaare zählt zu den bekanntesten Kurorten Estlands, vor allem wegen des Heilschlamms, der hier schon seit 175 Jahren angewendet wird. Das modernste Spa-Hotel ist das Rüütli in bester Lage direkt neben der Bischofsburg. Mit großem Schwimmbad und allen Heilanwendungen (Pargi 12, 93810 Kuressaare, ✆ 454 81 00, www.sanatoorium.ee).

Ausflüge auf Saaremaa:

Angla
Auf einer Anhöhe beim Dorf Angla nahe der Str. 79 im Nordteil der Insel stehen noch heute fünf Windmühlen, vier davon sind für Saaremaa typische Bockwind-

Restaurierte Bockwindmühlen auf dem Mühlenberg von Angla

mühlen. Angla ist der einzige Windmühlenhügel der Insel, der bis heute erhalten geblieben ist. Anfang des 20. Jh. standen hier noch neun Windmühlen, die von den 13 Höfen des Dorfes betrieben wurden.

E3

Karja
Nur 3 km von den Windmühlen entfernt, befindet sich in Karja die kleinste und ungewöhnlichste Kirche Saaremaas. Die auf den ersten Blick recht einfache und schmucklose gotische Dorfkirche wurde Ende des 13. Jh. erbaut, ihre Portale und Kapitelle sind mit kunstvollen Steinmetzarbeiten verziert. Im Inneren zieren mehrere rätselhafte Fresken die Decke des Chores, unter anderem ein Teufel, der zwischen seinen Beinen hindurchschaut, ein Pentagramm und magische Symbole (tägl. 10–18 Uhr).

E/F1

10 Vilsandi-Nationalpark
Die Nordwestküste Saaremaas, die größte vorgelagerte Insel Vilsandi sowie weitere rund 160 kleine und kleinste Inseln bilden seit 1910 das erste Naturreservat des Baltikums und seit 1993 den Vilsandi-Nationalpark. Eingerichtet wurde er, um die artenreiche Vogelwelt unter Schutz zu stellen, denn im Winter rasten in den fast immer eisfreien Gewässern Tausende Enten und im Frühjahr kommen riesige Schwärme von Weißwangengänsen. Außerdem brü-

Der weiße Leuchtturm im Vilsandi-Nationalpark

ten auf den Inseln unzähligen Möwen, Seeschwalben und Eiderenten, insgesamt sind es rund 100 verschiedene Vogelarten.

Von Papissaare, in der Nähe von Kihelkonna, gibt es eine Bootsverbindung nach Vilsandi. Sehenswert auf der Insel ist der 40 m hohe, 1809 erbaute weiße Leuchtturm, der schon so manches Werbeprospekt geschmückt hat (Vilsandi Visitor Center, Loona mõis, 93401 Loona, ✆ 454 68 80, www.loonamanor.ee, Mai–Aug. tägl. 9–17 Uhr). Im Gutshaus gibt es auch ein Gästehaus sowie ein Café.

Kaali

F3

20 km nordöstlich von Kuressaare, bei dem kleinen Dorf Kaali, ist vor rund 3000 Jahren ein 80 t schwerer Meteorit eingeschlagen und hat einen Krater von gut 100 m Durchmesser gerissen. Der Krater ist bis heute zu sehen und mit Wasser gefüllt. Da der Meteorit beim Eintritt in die Atmosphäre in mehrere Teile zerbrochen ist, gibt es in der Umgebung noch acht weitere, allerdings kleinere Krater. Im **Kaali külastuskeskus** bekommt man in einem kleinen Museum Informationen über Meteoriten und Kalkstein (94102 Kaali, ✆ 459 11 84, www.kaali.kylastuskeskus.ee; mit Hotel und Restaurant).

Mihkli Farmmuseum/Mihkli talumuuseum

F1

93401 Kihelkonna
✆ 454 66 13, www.saaremaamuuseum.ee
Mitte Mai–Ende Aug. tägl. 10–18, sonst Mi–So 10–18 Uhr, Eintritt € 1,50/1, Familienticket € 3

An der Straße zwischen Kuressaare und Kihelkonna, beim kleinen Dorf Viki, ist der für den Westen Saaremaas typische Bauernhof Mihkli zu besichtigen. 1959 hat der damalige Besitzer den Hof dem Museum geschenkt.

Panga

E2

Die höchste Steilküste der Insel liegt beim Dorf Panga an der Nordküste. Auf einer Länge von rund 2,5 km bricht das Land hier fast senkrecht ab, am Kap erreicht die Klippe eine Höhe von gut 20 m. Man kann sowohl am Wasser als auch an der Abbruchkante spazieren gehen.

Halbinsel Sorve

G1/2

Die über 30 km lange und nur maximal 10 km breite Halbinsel Sorve bildet die Südwestspitze Saaremaas. An ihrem Ende gibt es einen Leuchtturm, der in den 1960er-Jahren errichtet wurde. Im Zweiten Weltkrieg fanden auf Sorve mehrere verlustreiche Gefechte zwischen deutschen und sowjetischen Truppen statt. Beim Dorf Tehumardi erinnert eine Gedenkstätte an eine besonders blutige Auseinandersetzung.

Kurz bevor man auf die Halbinsel fährt, liegt bei Järve einer der schönsten Sandstrände Saaremaas.

Ausflug auf die Insel Muhu:

E4

Eemu Windmühle/Eemu tuulik
94701 Linnuse
✆ 454 88 72, www.saaremaamuuseum.ee
Mitte April–Sept. Mi–So 10–18 Uhr, Eintritt € 1/0,50
Kurz bevor man den Damm nach Saaremaa erreicht, passiert man die kleine Bockwindmühle direkt an der Straße.

E3

Koguva
Das Dorf Koguva ist eines der ältesten und bestbewahrten Estlands. Erstmals erwähnt wurde es schon 1532. Die meisten Gebäude heute stammen jedoch aus dem 19. Jh., nur einige sind noch älter. Bemerkenswert sind die mit Moos bewachsenen Steinmauern, die die Höfe voneinander trennen, manche von ihnen sind über 200 Jahre alt. Der Schriftsteller Juhan Smuul wurde in Koguva geboren, ein kleines Museum erinnert an ihn.

Wird in der Brandung gefangen: die Flunder

E4

Pädaste mõis
94702 Muhu
✆ 454 88 00, www.padaste.ee
Der ehemalige Gutshof ist heute ein Luxushotel am Meer mit ruhigem, grünen Park und Gourmetrestaurant. €€€

E4

Muhu Restoran
94701 Muhu
✆ 459 81 60
www.muhurestoran.ee
April–Sept. Mo–Do 11–0, Fr/Sa 11–open end, So 11–23 Uhr
Restaurant mit typisch estnischer Küche, in der Mitte Muhus, in Liiva. Im Nebengebäude werden Kunsthandwerk und Souvenirs angeboten. €€

F8

Viljandi

Viljandi, mit rund 20 000 Einwohnern die sechstgrößte Stadt Estlands, liegt am Nordwestufer des gleichnamigen Sees. Gegründet wurde es im Mittelalter an der Kreuzung alter Handelswege, Anfang des 14. Jahrhunderts war die blühende Stadt Mitglied der Hanse. Die darauf folgenden Jahrhunderte waren unruhig und von Kriegen und Zerstörungen geprägt. Erst Ende des 18. Jahrhunderts wurde Viljandi Kreisstadt, bis die Stadt im 19. Jahrhundert mit der Eröffnung der Eisenbahnlinie, der Streichholzfabrik und der Flachsfabrik dann endgültig aufblühte.

Bis heute gibt es in Viljandi noch einige schöne, alte Holzvillen und klassizistische Gebäude, das Rathaus gilt als eines der ersten funktionalistischen Bauwerke in Estland.

Viljandi: beschauliche Kleinstadt mit denkmalgeschützten farbigen Holzhäusern

Größte Sehenswürdigkeit der Stadt ist die Ruine der **Ordensburg**, die ab 1224 vom Schwertbrüderorden anstelle der estnischen Holzfestung errichtet wurde. Auch wenn nur noch wenig von der einst größten Festung Livlands erhalten geblieben ist, vermitteln die Mauerreste auf dem Schlossberg doch einen Eindruck von der Größe der Anlage. Äußerst lohnend ist der weite Blick vom Schlossberg auf den See. Im Sommer finden auf der Freilichtbühne zahlreiche Veranstaltungen, wie Aufführungen des Ugala-Theaters und das **Folk Music Festival**, statt.

Die Mitte des 15. Jahrhunderts als Franziskanerkloster am Schlosspark errichtete **Johanneskirche** wurde im Nordischen Krieg schwer beschädigt und nach dem Zweiten Weltkrieg als Möbellager genutzt. 1992 wurde sie nach aufwändiger Renovierung wieder eingeweiht und dient nun als Konzertsaal.

Viljandi turismiinfokeskus
Vabaduse plats 6, 71020 Viljandi
✆ 433 04 42, www.viljandimaa.ee/turismiinfo
Mitte Mai–Mitte Sept. Mo–Fr 10–18, Sa 10–15, Mitte Sept.–Mitte Mai Mo–Fr 10–17 Uh
Ein »elektronischer Kiosk« informiert rund um die Uhr.

F8

Alter Wasserturm/Viljandi vana veetorn
Laidoneri plats, Viljandi
Tägl. 11–18 Uhr, Eintritt € 1/0,50
Zwischen Museum und Rathaus liegt der alte Wasserturm von Viljandi, der heute als Aussichtsturm fungiert.

Museum Viljandi/Viljandi muuseum
Laidoneri plats 10, Viljandi

✆ 433 33 16, www.muuseum.viljandimaa.ee
Mai–Aug. tägl. 11–18, Sept.–Dez., April Di–Sa 10–17 Uhr (Jan.–März nur nach Vereinbarung geöffnet)
Eintritt € 2/1, Familienticket € 4
Museum in der 1780 erbauten alten Apotheke.

F8

Centrum Restoran
Tallinna 50, Viljandi
✆ 435 11 00, www.centrum.ee
Modernes Restaurant im Hotel Centrum mit empfehlenswerten internationalen Speisen. €€

Grand Hotel Viljandi
Tartu 11, Viljandi
✆ 435 48 00, www.ghv.ee
Die Fassade des 1938 errichteten Hotels ist etwas in die Jahre gekommen, aber im Innern sind Restaurant und Zimmer in tadellosem Zustand und verdienen durchaus den Namen Grand Hotel. Restaurant €€€

Viljandi Folk Music Festival
Posti 1, Viljandi
✆ 435 52 53, www.folk.ee/festival
Jedes Jahr Mitte/Ende Juli findet das größte Folk Music Festival Estlands statt. Der Festivalpass kostet ab € 49.

Umgebung von Viljandi:

F8

Heimtali Museum
71102 Heimtali
✆ 439 81 26, www.erm.ee/en/visit/heimtali
Di–Sa 9–17 Uhr, Eintritt € 1,50/1, Familienticket € 4
7 km südwestlich von Viljandi zeigt das im ehemaligen Schulhaus untergebrachte Museum eine Sammlung alter Handarbeiten sowie alte bäuerliche Gebrauchsgegenstände. Sehenswert ist auch die ehemalige Schnapsbrennerei oder Käserei des Gutshofes; die Historiker sind sich über die einstige Verwendung des markanten Gebäudes mit den vier Ecktürmen nicht einig.

F/G9

Vortssee/Võrtsjärv
Der Vortssee ist der größte Binnensee Estlands und bekannt für seine Aalzucht. Er ist relativ flach und große Teile des Ufers sind schilfbewachsen. Am Nordufer bei Vaibla gibt es gute Möglichkeiten zum Baden.

E8

Olustvere
70401 Suure-Jani
✆ 437 42 80, www.olustveremois.ee
Mai–Aug. Mo–Fr 10–18, Sa/So 11–17, Sept.–April Mo–Sa 11–16 Uhr, Eintritt € 1,50/1
Rund 20 km nördlich von Viljandi zweigt in Höhe von Suure-Jaani eine Nebenstraße ab, die von Bäumen ge-

Der Wehrturm der Ordensburg in Paide

säumt wird. Die Allee führt nach 3 km zum Gutshof Olustvere. Der im 20. Jh. fertiggestellte Gutshof-Komplex ist ein schönes Beispiel für den damaligen Heimatbaustil, doch seine Wurzeln reichen bis zu einer Siedlung an dieser Stelle am Anfang des 15. Jh. zurück. Das Hauptgebäude liegt in einem Park mit vielen alten Bäumen. Im Haus gibt es eine Ausstellung alter Möbel, eine Sammlung von Vogelpräparaten sowie die geschnitzten Pferdegespanne des Künstlers Voldemar Luht.

Suure-Jaani

E8

Einige Kilometer westlich von Olustvere erstreckt sich der kleine Ort Suure-Jaani an einem Stausee. Die örtliche Kirche stammt aus dem 14. Jh., bemerkenswert ist das in die Innenwand des Kirchturmes eingemauerte Ringkreuz. Ein kleines Museum ist der Musikerfamilie Kapp gewidmet. Im 19. Jh. war Suure-Jaani ein Zentrum der estnischen Nationalbewegung.

Paide

D8

Wegen seiner Lage fast genau im Zentrum des Landes wird Paide auch das »Herz Estlands« genannt. Schon 1265 hat man mit dem Bau einer Ordensburg in Paide begonnen. Als erstes wurde ein achteckiger Wehrturm, der Lange Hermann, errichtet, später ein Konventsgebäude und vier Bastionen. Heute sieht man noch den Wehrturm, der nach der Zerstörung durch die russischen Truppen 1941 wieder vollständig restauriert wurde und einige Mauerreste der Festung. Im Langen Hermann befindet sich ein kleines Café. Um den Hauptplatz Keskväljak gruppieren sich die Heiligkreuzkirche aus dem 18. Jh., das Rathaus von 1920 und der einstige Handelshof aus dem 18. Jh. Im **Järvamaa Museum** zeigt eine Ausstellung Wissenswertes zu Natur und Geschichte Järvamaas sowie eine vollständig eingerichtete historische Apotheke (Järvamaa muuseum, Lembitu 5, 72702 Paide, ✆ 385 0276, www.jarvamaamuuseum.ee, Di–Sa April–Okt. 11–18, sonst 10–17 Uhr, Eintritt € 1/0,50, Familienticket € 2).

Infos zu Paide im **Paide turismiinfokeskus**, Pärnu 6, 72712 Paide, ✆ 385 04 00, Mitte Mai–Mitte Sept. Mo–Fr 9–18, Sa/So 10–15, Mitte Sept.–Mitte Mai Mo–Fr 10–17 Uhr.

Põltsamaa

Die Kleinstadt Põltsamaa mit 5000 Einwohnern erstreckt sich zu beiden Seiten des gleichnamigen Flusses und liegt 48 km nordöstlich von Viljandi. Im Zweiten Weltkrieg wurde sie zu rund drei Vierteln zerstört. Die Ordensburg aus dem 13. Jh. und das Rokokoschloss aus dem 18. Jh. liegen noch heute großteils in Ruinen. Nur die Ringmauer und die innerhalb der Mauern liegende Kirche wurden zum Teil rekonstruiert. Im Schlosshof befindet sich ein kleines **Museum zur Stadtgeschichte** (Information: Põltsamaa turismiinfokeskus, Lossi 1b, 48102 Põltsamaa, ✆ 775 13 90, Mitte Mai–Mitte Sept. tägl. 10–18, sonst Mo–Sa 10–16 Uhr, Eintritt € 1, Familienticket € 2,50).

Võru

Die relativ junge Kreisstadt Võru liegt in der Provinz Võrumaa im Südosten Estlands. 1784 wurde sie nach dem Willen von Kaiserin Katharina II. gegründet. Ältere Siedlungsspuren sind im unweit nördlich gelegenen **Kirumpää** zu sehen. Die dortige Bischofsburg wurde um 1322 errichtet und um 1658 zerstört. Heute ist kaum noch etwas von ihr zu sehen, denn sie wurde in späterer Zeit als Steinbruch genutzt.

Noch heute ist das regelmäßige, rechteckige Straßennetz aus der Gründungszeit Võrus zu erkennen, doch architektonisch hat die Stadt relativ wenig zu bieten. Einen Blick lohnen die beiden **Katharinenkirchen**, die lutherische von 1793 und die orthodoxe von 1804. Am Seeufer im Stadtpark gibt es ein Denkmal zu Ehren des Autors des Nationalepos »Kalevipoeg«: Friedrich Reinhold Kreutzwald (1803–82). Auch das **Kreutzwaldmuseum** widmet sich dem Dichter, der 44 Jahre lang mit seiner Familie in diesem Haus gewohnt hat.

Rot mit weißen Tupfern – Vorsicht, der Fliegenpilz ist giftig!

Der Norden von **Võrumaa** ist flach, hier fließt der längste Fluss des Landes, der Võhandu. An der Westgrenze ändert sich die

Szenerie und wird hügeliger, was sich in der eigenartigen Hügellandschaft des **Nationalparks Karula** besonders deutlich zeigt. H10

Südwärts – bei den Anhöhen von Haanja – erhebt sich das Land zu den höchsten Bergen Estlands. Vom **Suur Munamägi**, dem höchsten Berg des Baltikums, eröffnet sich ein schöner Blick auf Wälder und Seen. Der **Naturpark von Haanja** soll diese einzigartige Umgebung schützen. Auf ruhigen Wegen, die sich durch die Landschaft Haanjamaas schlängeln, kommt man zu kleinen Höfen und Dörfern, die von früheren Zeiten erzählen. H11

Auch der Osten Võrumaas, an der Grenze zu Russland, ist weitgehend unbesiedelt, sanft geschwungene Bergkuppen und Täler und die Sandsteinklippen an den Ufern des Flusses Piusa laden zu Wanderungen ein.

Võru turismiinfokeskus H11
Jüri 12, 65605 Võru
✆ 782 18 81, www.voru.ee
Mitte Mai–Mitte Sept. Mo–Fr 10–18, Sa/So 10–15, sonst Mo–Fr 10–17 Uhr

Evangelische Katharinenkirche/
Võru Katariina kirik
Jüri 9, Võru
✆ 782 36 41
Geöffnet nach Vereinbarung, Eintritt frei

Im estnisch-lettischen Grenzgebiet: der Naturpark von Haanja

H11

Orthodoxe Katharinenkirche/
Võru Suurkannataja Ekaterina kirik
Lembitu 1, Võru
✆ 782 34 23
Ganzjährig rund um die Uhr geöffnet
Eintritt frei

Kreutzwaldmuseum/
Kreutzwaldi memoriaalmuuseum
Kreutzwaldi 31, Võru
✆ 782 17 98, www.hot.ee/m/muuseumvoru
Mi–So 10–17, April–Sept. bis 18 Uhr
Eintritt € 1/0,50
Der Autor des estnischen Nationalepos »Kalevipoeg« hat in dem Haus, das jetzt an sein Werk erinnert, in den Jahren 1833–77 gewohnt und als Stadtarzt gearbeitet. Zum Museum gehören sechs Gebäude und ein gepflegter Garten.

Võrumaa Museum/Võrumaa muuseum
Katariina 11, Võru
✆ 782 19 93, Mi–So April–Sept. 11–18, sonst 10–17 Uhr
Eintritt € 2/1
Dauerausstellung über die Geschichte der Stadt, im Ausstellungssaal werden wechselnde Kunst-, Foto- und Handarbeitsausstellungen gezeigt.

Umgebung von Võru:

H 10–12

Südlich von Võru erstreckt sich die **Hügellandschaft von Haanjamaa**. Die einzige größere Ansiedlung ist das Dorf Haanja, 16 km von Võru entfernt. Große Teile dieser Landschaft sind als Naturpark geschützt und eignen sich hervorragend für beschauliche Wanderungen.

In der dünn besiedelten Region um Võru keine Seltenheit: ein Supermarkt auf Rädern

Suur Munamägi
65101 Haanja
✆ 787 88 47, www.suurmunamagi.ee
April–Aug. tägl. 10–20, Sept./Okt. tägl. 10–17, Nov.–März Sa/So 12–15 Uhr
Eintritt € 3, mit Aufzug € 5
Der Berg Suur Munamägi, der im zentralen Teil des Höhenzuges Haanja liegt, ist mit 318 m der höchste Berg Estlands und des gesamten Baltikums. Auf dem Gipfel steht ein 1939 erbauter **Aussichtsturm**, von dem man einen weiten Blick genießt. Unter anderem sieht man im Süden Estlands höchstgelegenen See, den Tuuljärv. Im modern eingerichteten **Café Suur Muna** sitzt man draußen auf einer großen Terrasse am Fuß des Suur Munamägi. Auf der Karte stehen auch einfache Gerichte (65101 Haanja, ✆ 786 60 00, Mo–Do 10–18, Fr–So 10–19 Uhr. €). Zu Füßen des Berges liegt der Badesee **Vaskna järv**.

Er lebt geschützt im Naturreservat südlich von Võru: der Fischotter

H11

Vällamägi
Der von Wald bedeckte Vällamägi ist mit 304 m der zweithöchste Berg Estlands. Die Hänge des nördlich vom Suur Munamägi gelegenen Berges sind überraschend schroff, auf dem Gipfel liegt ein Hochmoor. Ein markierter Wanderweg erschließt das Gebiet.

H11

Rõuge
Rõuge, südwestlich von Võru, liegt naturschön am Westrand des Haanja-Höhenzuges. Beim Ort gibt es eine Kette von sieben Seen, die durch den Rõugebach miteinander verbunden sind. Der Suurjärv ist mit 38 m der tiefste See Estlands. Vom **Festungshügel Linnamägi** genießt man eine schöne Aussicht auf die Seen. Einen Besuch wert sind die stattliche **St. Marienkirche** von 1730 und das **Nachtigallental**, das viele Möglichkeiten für Spaziergänge bietet. Im Winter ist hier ein kleiner Skilift in Betrieb (Informationen: Rõuge turismiinfokeskus, 66201 Rõuge, ✆ 785 9245, Mitte Mai–Mitte Sept. Mo–Fr 10–18 Uhr).

H11

Karula-Nationalpark
Der Nationalpark Karula umfasst gut 11 000 ha und wurde 1993 unter Schutz gestellt. Hauptziel des Nationalparks ist es, die für den Süden Estlands typischen Hügellandschaften des Höhenzuges Karula zu schützen. Außerdem soll die traditionelle Landwirtschaft bewahrt werden.

In Ähijärve gibt es ein Besucherzentrum, das über die verschiedenen Wanderwege im Nationalpark informiert (Visitor Centre Karula Nationalpark/Karula rahvuspargi külastuskeskus, 66405 Ähijärve, ✆ 782 83 50, www.karularahvuspark.ee, Mitte Mai–Mitte Sept. tägl. 10–18 Uhr). ■

H10

Estland in Zahlen und Fakten

Landesname: Eesti (Est)
Größe: 45 226 km^2 (vergleichbar mit Dänemark oder Niedersachsen)
Einwohner: 1,3 Mio., 30 Einw./km^2, 68,6 % Esten, 25,7 % Russen, 1 % Ukrainer, 1,2 % Weißrussen, 0,8 % Finnen, 2,7 % Sonstige
Städte: Hauptstadt Tallinn 398 000 Einw., weitere Städte: Tartu 103 000 Einw., Narva 66 000 Einw., Kohtla-Järve 45 000 Einw., Pärnu 44 000 Einw.
Küste: Küstenlinie ohne Inseln 1240 km, mit Inseln 3790 km, insgesamt 1521 vorgelagerte Inseln, die größten sind Saaremaa (2922 km^2), Hiiumaa (1023 km^2) und Muhu (206 km^2)
Natur: Von den 1400 Seen des Landes ist der Peipsi mit 3555 km^2 der größte. Längster Fluss: Võhandu (172 km), höchster Berg: Suur Munamägi (318 m), 4 Nationalparks, 18 Naturreservate, 1 Biosphärenreservat. Gut 40 % der Landesfläche sind mit Wald bedeckt, weitere 20 % mit Seen und Sümpfen.
Währung: Am 1. Jan. 2011 hat der Euro die Estnische Krone abgelöst.
Religion: Überwiegend evangelisch-lutherisch, russisch-orthodoxe, muslimische und katholische Minderheiten.
Nationalfeiertag: 24. Februar
Telefonvorwahl: ✆ 00 372
Wirtschaft: Das Pro-Kopf-Bruttoinlandsprodukt ist seit der Unabhängigkeit 1991 und der nachfolgenden Einführung der Krone 1992 kräftig gestiegen, allerdings hat die Wirtschaftskrise in den letzten Jahren für deutliche Einbrüche gesorgt; das BIP liegt derzeit bei € 1000. Die Arbeitslosenquote beträgt 16,9 %, das durchschnittliche Monatseinkommen (brutto) € 792.

Wichtigste **Exportgüter** sind elektronische Produkte, die für die skandinavische Kommunikationsindustrie hergestellt werden, außerdem Holz und Holzprodukte sowie Textilien.

Wichtigste **Importgüter** bilden Maschinen, Metallprodukte und chemische Erzeugnisse. Die Landwirtschaft spielt nur noch eine untergeordnete Rolle. Nach Finnland und Schweden ist Deutschland der drittgrößte Handelspartner. Ölschiefer und Phosphor sind die wichtigsten Bodenschätze des Landes.

Anreise, Einreise

Reisende aus EU-Ländern und Schweizer benötigen für die Einreise einen Personalausweis oder Reisepass, der noch mindestens drei Monate über das Reiseende hinaus gültig ist. Kindereinträge im Reisepass eines Elternteils sind nicht mehr gültig. Jedes Kind benötigt ein eigenes Ausweisdokument. Der Kinderausweis muss mit einem Lichtbild versehen sein.

Unter www.pv.ee sind Infos zu Grenzübergängen und Einreiseformalitäten erhältlich.

Flugzeug:
Internationale Flüge kommen in der Regel auf dem Flughafen der Hauptstadt Tallinn an. Die nationale Fluglinie Estonian Air (www.estonian-air.ee) fliegt mehrmals wöchentlich von Hannover und Hamburg nach Tallinn. Lufthansa (www.lufthansa.de) fliegt täglich und direkt von Frankfurt und München. Ryannair (www.ryanair.com) bietet mehrmals wöchentlich Flugverbindungen von Düsseldorf und Frankfurt. Airbaltic (www.airbaltic.de) startet von Bremen, Berlin, Düsseldorf, Frankfurt, Hamburg und München mit Zwischenstopp in Riga.

Wegen der relativ kurzen Entfernungen spielen die nationalen Flughäfen von Kärdla, Kuressaare, Pärnu und Tartu nur eine untergeordnete Rolle.

Der Flughafen von Tallinn liegt nur 4 km südöstlich vom Stadtzentrum. Die Buslinie 2 verbindet ihn mit dem Zentrum. Direkt vor der Abflughalle befindet sich die Bushaltestelle. Fahrkarten bekommt man beim Busfahrer, die Busse verkehren je nach Tageszeit 2–3 mal pro Stunde. Im Stadtzentrum kann man an der Kunstakademie und am Busbahnhof in den Flughafenbus zusteigen.

Ein Taxistand befindet sich vor der Ankunftshalle.

Schiff:
Estland ist gegenwärtig von Deutschland aus nicht direkt mit dem Schiff zu erreichen. Für Reisende mit eigenem Fahrzeug lohnt allerdings auch die Anreise mit der Fähre nach Lettland oder Litauen. DFDS Seaways (www.dfdsseaways.de) verkehren zwischen Kiel bzw. Sassnitz und dem Hafen von Klaipeda in Litauen. Die Überfahrt dauert 22 bzw. 19 Stunden. Stena Line

Im Fährhafen von Tallinn

unterhält eine Verbindung von Travemünde in lettische Ventspils (www.stenaline.de). Der Andrang während der Sommerferien ist bei allen Fähren recht groß, deshalb sollte man mit PKW möglichst rechtzeitig buchen.

Auto:
Bei der Einreise mit einem Fahrzeug muss man den Fahrzeugschein, einen Führerschein (Deutsch oder EU), den Mietvertrag oder eine Vollmacht des Halters vorlegen, falls dieser nicht mitreist. Die Grüne Versicherungskarte ist zwar nicht Pflicht, eine Mitnahme wird aber dringend empfohlen.

Die gut ausgebaute Via Baltica (E 67) verbindet Polen mit den drei baltischen Hauptstädten Vilnius, Rīga und Tallinn. Empfehlenswert ist die Anreise über Frankfurt/Oder und Warschau mit direkter Einreise nach Litauen.

Bus:
Von vielen deutschen Städten ist die estnische Hauptstadt Tallinn mit Bussen im internationalen Linienverkehr zu erreichen. Die Busse fahren über Polen mit direkter Einreise nach Litauen. Ab Berlin beträgt die Fahrzeit etwa 26 Stunden, das Hin- und Rückfahrticket ab dort kostet etwa E 135. Nähere Infos unter www.touring.de, www.berlinlinienbus.de.

Bahn:
Derzeit ist Tallinn von Deutschland nicht mit dem Zug zu erreichen. In rund 19 Stunden gelangt man aber täglich mit der Bahn von Berlin über Warschau nach Vilnius. Die Züge von Vilnius nach Rīga benötigen ca. 5 1/2 Stunden, verkehren aber nicht täglich. Zwischen Rīga und Tallinn muss man die internationalen Linienbusse nehmen.

Auskunft

In Deutschland:

Estonian Tourist Board
Mönckebergstr. 5, 20095 Hamburg
✆ (040) 30 38 78 99, www.visitestonia.com

»Das Gold der Ostsee« – Bernstein

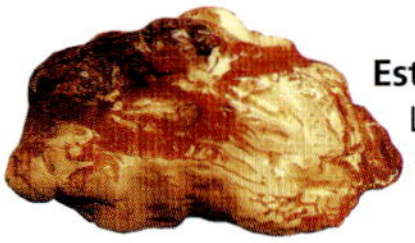

In Estland:

Estnisches Fremdenverkehrsamt
Lasnamäe 2, 11412 Tallinn
✆ 627 97 70, ww.visitestonia.com

Lesetipps:

Jaan Kross (geb. 1920) ist der bedeutendste estnische Schriftsteller der Gegenwart. In seinen historischen, teils autobiografischen Romanen ist die estnische Identität immer wieder ein Thema. Als deutsche Übersetzungen liegen vor: »Der Verrückte des Zaren« (dtv, 2003), »Professor Martens Abreise« (dtv, 1995) und »Das Leben des Balthasar Rüssow« (dtv, 1999).

Eine gut lesbare, aktuelle Zusammenfassung der politischen, wirtschaftlichen, sozialen und kulturellen Entwicklungen, die die baltischen Länder bis heute geprägt haben ist das Buch »Geschichte der baltischen Länder«, Ralph Tuchtenhagen, C. H. Beck, 2005.

Schmuckes Holzhaus südlich von Pärnu

Im Internet:

Fremdenverkehrsamt Estland: www.visitestonia.com
Außenministerium Estlands: www.vm.ee
Praktische Infos zu größeren Städten: www.inyourpocket.com
Estonian Institute: www.einst.ee
Ökotourismus Estland: www.ecotourism.ee
Tallinn Informationen: www.tourism.tallinn.ee
Allgemeine Infos: www.1182.ee
Infos über Estland auf Deutsch: www.estnet.info
Ferienhäuser: www.maaturism.ee
Umfangreiche Linkliste: www.ratgeber-estland.de

Diplomatische Vertretungen:

In Deutschland:

Botschaft der Republik Estland
Hildebrandstr. 5, D-10785 Berlin
✆ (030) 25 46 06 02, www.estemb.de

In Estland:

Botschaft der Bundesrepublik Deutschland
Toom-kuninga 11, EST-15048 Tallinn
✆ 627 53 00, www.tallinn.diplo.de

Botschaft der Republik Österreich
Vambola 6, EST-10114 Tallinn
✆ 627 87 40
www.bmeia.gv.at/botschaft/tallinn/

Botschaft der Schweiz
c/o Trüb Baltic AS
Laki 5, 10621 Tallinn
✆ 658 11 33
www.eda.admin.ch/helsinki

Wichtige Rufnummern:

Feuerwehr	✆ 112
Polizei	✆ 110
Ambulanz	✆ 112
Pannenhilfe	✆ 18 88
Auskunft	✆ 11 82

Vorwahl Estland	✆ +372
Vorwahl Deutschland	✆ +49
Vorwahl Österreich	✆ +43
Vorwahl Schweiz	✆ +41
Vorwahl Lettland	✆ +371
Vorwahl Litauen	✆ +370
Vorwahl Finnland	✆ +358

Automiete, Autofahren

Die überregionalen Straßen sind durchweg in gutem Zustand, autobahnähnliche Schnellstraßen gibt es nur in der Umgebung von Tallinn. Nebenstrecken sind teilweise unbefestigt und im Sommer oft staubig. Da das Verkehrsaufkommen noch recht gering ist, gestaltet sich das Fahren entspannt.

Das Tankstellennetz ist dicht, oft sind die **Tankstellen** wie bei uns kleine Supermärkte. Bleifreies Benzin ist überall erhältlich und meist mit E gekennzeichnet. 95 E entspricht dem deutschen Super Bleifrei. Grüne Zapfpistole: bleifrei, rote Zapfpistole: verbleit, schwarze Zapfpistole: Diesel. Diesel und Benzin sind ca. 10–20 % billiger als in Deutschland. Das Bezahlen mit Kreditkarte ist in der Regel kein Problem.

Die **Verkehrsregeln** unterscheiden sich kaum von denen in Deutschland. Nur die Ampelschaltung ist anders. Die Ampeln zeigen Grün, blinkendes Grün, Gelb und Rot. Das blinkende Grün entspricht dem Gelb in Deutschland, wenn die Ampel auf Gelb steht, darf man nicht mehr fahren. Grundsätzlich gelten folgende Geschwindigkeitsbegrenzungen: innerhalb von Ortschaften 50 km/h, außerhalb von Ortschaften 90 km/h. Mit Geschwindigkeitskontrollen muss gerechnet werden, bei Verstößen wird das Bußgeld in der Regel gleich kassiert. Die Alkoholgrenze liegt bei 0,0 Promille. Es herrscht Anschnallpflicht, telefonieren ist nur mit Freisprechanlage erlaubt, und rund um die Uhr muss mit Abblendlicht gefahren werden. Vom 1. Dezember bis 1. März sind Winterreifen vorgeschrieben.

Internationale **Mietwagenfirmen** wie Avis (Flughafen Tallinn, ✆ 605 82 22, www.avis.ee), Budget (Flughafen Tallinn, ✆ 605 86 00, www.budget.ee), Hertz (Flughafen Tallinn, ✆ 6058923, www.hertz.com) und nationale Anbieter wie Baltic Car Lease (Flughafen Tallinn, ✆ 605 8148, www.autoliising.ee), Rendiauto (Lina 5–1, Tallinn, ✆ 6603350, www.rendiauto.ee) oder Reval Rent (Kunderi 15,Tallinn, ✆ 601 09 58) verleihen Pkw und Minibusse. Es ist möglich, Autos für Fahrten durch alle drei baltischen Staaten zu mieten, auch Einwegmieten sind in der Regel kein Problem. In Notfällen erreicht man die Pannenhilfe unter ✆ 18 88.

Die Tallinner Altstadt ist teilweise autofrei, dort, wo man parken darf, ist Parkraumbewirtschaftung rund um die Uhr. Außerhalb der Altstadt kann man häufig kostenlos parken.

Vorsicht, Elch kreuzt!

Behindertengerechte Einrichtungen

Öffentliche Verkehrsmittel und ältere öffentliche Gebäude sind meist noch nicht behindertengerecht ausgestattet. Erst langsam stellt sich das Land auf die Bedürfnisse behinderter Menschen ein.

Einkaufen

Neben örtlichen Produkten erhält man alle Artikel, die man auch von zu Hause kennt. Bei Kunsthandwerk und Souvenirs nimmt der Bernstein im gesamten Baltikum eine herausragende Stellung ein. Vom schlicht polierten Stein bis zu handwerklich sauber verarbeiteten Schmuck- und Dekorationsstücken ist das Angebot riesig. Auch schöne Textilien und Wollwaren wie Schals, Webbänder, gestickte Deckchen und handgestrickte Pullover, Schals und Handschuhe werden häufig angeboten. An Hochprozentigem erfreut sich Wodka großer Beliebtheit, als Souvenir beliebt ist auch der traditionelle Kräuterlikör Vana Tallinn.

Essen und Trinken

Die Esten – wie auch die Letten und Litauer – mögen es gerne deftig. Die Portionen sind in der Regel groß und nahrhaft, mit Fett wird nicht gespart. Traditionelle estnische Speisen sind Kalbfleisch in Aspik *(Sült)*, gefüllter Kalbsbraten *(Taidetud basikarind)*, eingelegter Hering mit Rüben *(Rossolye)* und Sauerkraut

Auf dem Mittelaltermarkt in Tallinn

mit Grütze *(Mulgi)*. Allerdings findet man diese traditionellen Gerichte nur noch selten auf der Restaurantspeisekarte. Dagegen hat fast jedes Restaurant Fleisch, Fisch- und Pilzgerichte mit Kartoffeln in allen Variationen und herzhaften Soßen im Angebot.

Bei Fleischgerichten ist Schweinefleisch eindeutig die Nummer eins. Beliebte Fischgerichte sind Strömling oder Hering, wie *Silk* oder *Tallinna kilu*. Im Sommer werden gerne kalte Suppen serviert, typisch und köstlich ist die Rote-Beete-Suppe mit Dill. Oft kommt Gemüse als Rohkostsalat, in Suppen oder milchsauer eingelegt auf den Tisch. Die estnische Küche hat aber auch so manche Anleihe bei der russischen genommen, so gehören Borschtsch, Blinys, Piroggen und Cepelinai, mit Fleisch gefüllte Kartoffelklöße, die mit reichlich Speck-Buttersoße serviert werden, zum Angebot vieler Lokale. In den großen Städten machen immer mehr internationale Restaurants auf, die sich bei den Esten großer Beliebtheit erfreuen.

Die beliebtesten Getränke sind Kaffee, Tee, Säfte und Bier. Mineralwasser mit und ohne Kohlensäure gibt es überall zu kaufen, das Leitungswasser ist meist von guter Qualität.

Die Biersorte Saku Originaal steht bei den Esten hoch im Kurs, die dunkle Variante heißt Saku Tume, die Light-Variante Saku on Ice. Oft wird auch Tartu Alexander oder A.Le Coq getrunken. Der bekannteste Likör ist Vana Tallinn, der sich auch gut mit Eiscreme oder Sahne trinken lässt. Als einheimischer Wodka kommt Viru Valge auf den Tisch.

Restaurantpreise:
Bei den empfohlenen Restaurants werden Preiskategorien angegeben, die sich jeweils auf typische Hauptgerichte beziehen.

€	bis 8 Euro
€€	8 bis 15 Euro
€€€	über 15 Euro

Im Restaurant »Olde Hansa« in Tallinn

Tanzfest in Tallinn

Feiertage, Feste

Gesetzliche Feiertage:
1. Januar – Neujahr
24. Februar Nationalfeiertag
1. Mai – Tag der Arbeit
23. Juni – Siegestag (gefeiert wird die Schlacht von Võnnu 1919)
24. Juni – Johannistag
20. August – Tag der Wiedererlangung der Unabhängigkeit
25./26. Dezember – Weihnachten
Karfreitag, Ostersonntag und Muttertag sind bewegliche Feiertage, Ostermontag ist ein normaler Arbeitstag in Estland.

Sehenswerte Feste und Veranstaltungen:

Februar
In Otepää findet Mitte Februar der internationale **Skimarathon** über 31 und 63 km mit mehreren tausend Teilnehmern statt (www.tartumaraton.ee).
Während der **Tage der Barockmusik** werden Konzerte an verschiedenen Orten der Tallinner Altstadt sowie in Pärnu und Tartu gegeben (www.concert.ee).

April
Das **Internationale Jazzfestival Jazzkaar** in Tallinn bringt zwei Wochen prall gefüllt mit hochkarätigen, international besetzten Konzerten von Avantgarde bis Mainstream (www.jazzkaar.ee).

Juni
Die **Altstadttage in Tallinn**, das traditionelle mittelalterliche Stadtfest, bieten Livemusik, Mittelaltermarkt und viel Trubel in den Gassen (www.vanalinnapaevad.ee).

In der kürzesten Nacht des Jahres vom 23. auf den 24. Juni wird in allen baltischen Ländern das **Johannisfest** gefeiert. An diesem Tag treffen Tradition, Kultur, Legende und Lebensfreude zusammen. Überall werden große Feuer entzündet, Kränze aus Blumen geflochten, die Farnblüte gesucht, gesungen, getanzt, gelacht und gefeiert.

Tipp: Besonders stimmungsvoll sind die Mittsommerfeiern im Tallinner Freilichtmuseum Rocca al Mare.

Die **Hansetage in Tartu** sind eine Veranstaltung mit mehr als 25-jähriger Tradition, gefeiert wird mit Markt, Ritterturnier und vielen Kulturveranstaltungen (www.tartu.ee).

Juli

Das Bierfest **Öllesummer** auf dem Tallinner Sängerfeld gilt als das größte seiner Art im Norden. Hunderte verschiedene Biersorten sind in der ersten Woche im Juli im Angebot, aber auch das kulturelle Beiprogramm mit viel Livemusik ist sehenswert (www.ollesummer.ee).

Der Tallinner Rathausplatz gibt die ideale Kulisse für den alljährlichen **Mittelaltermarkt**, auf dem Gaukler, Händler und Musikanten ihren Auftritt haben.

In Viljandi treffen sich die Liebhaber klassischer Musik beim **Festival der klassischen Musik**. Beim **Woodstock** in Viljandi wird Hippiemusik aus aller Welt gespielt (www.viljandi.ee).

Pärnu, die Sommerhauptstadt Estlands, ist Schauplatz eines großen **Filmfestivals** (www.chaplin.ee) und eines nicht minder attraktiven **Wasserfestivals** im örtlichen Yachtclub (www.watergate.ee).

August

Das **Tschaikowski-Festival** (für das Jahr 2012 noch fraglich) sowie das **Fest der Weißen Dame** feiert Haapsalu im August (www.haapsalu.ee).

Beim **Internationalen Tanzfestival** von Tallinn treten im Saal der Kanutgilde zahlreiche Stars des modernen Tanzes auf (www.saal.ee).

Den stimmungsvollen Rahmen für das **Birgitta-Fest** bilden die Ruinen des Birgittenkloster in Pirita vor den Toren Tallinns. Die Tallinner Philharmonische Gesellschaft gibt aus diesem Anlass Konzerte (www.filharmoonia.ee).

September

Internationales Festival sakraler Musik **Credo** in den Kirchen Tallinns (www.festivalcredo.com).

Bei den **Studententagen** in Tartu haben die Kneipen und Discos open-end, außerdem gibt es viele Konzerte in der Stadt (www.tartu.ee).

November

Der **St. Martins-Tag** wird in der Tallinner Altstadt mit Umzügen gefeiert.

Dezember

Weihnachtsmarkt auf dem Rathausplatz von Tallinn ist noch eine relativ neue Tradition, erfreut sich aber zunehmender Beliebtheit.

Beim **Filmfestival der schwarzen Nächte** werden in verschiedenen Tallinner Kinos neue Filme aus dem Baltikum gezeigt (www.poff.ee).

Tipp: Sängerfeste
Die großen Sängerfeste finden in den baltischen Ländern alle vier bzw. fünf Jahre statt. Bis zu 30 000 Teilnehmer auf der Bühne und mehr als 100 000 Zuschauer sorgen für ein unvergessliches Erlebnis. Das nächste Sängerfest in Estland ist für den Sommer 2014 vorgesehen. Wer an einem Sängerfest teilnehmen möchte, sollte sich unbedingt rechtzeitig bei Spezialreiseveranstaltern nach Sonderreisen erkundigen.

Geld, Banken, Kreditkarten

In Estland zahlt man mit Euro. In allen größeren und kleineren Städten gibt es zahlreiche Geldautomaten, an denen man mit Maestro- und vielerorts auch EC- und Kreditkarte Bargeld abheben kann. Tankstellen, größere Hotels, Restaurants und Geschäfte akzeptieren Kreditkarten.

Unter der zentralen Notrufnummer ✆ +49-116 116 kann man aus dem Ausland Kreditkarten, Maestro-Karten sowie Handys sperren lassen.

Gehören der Vergangenheit an: Estnische Kronen

Gesundheit

In Apotheken sind alle gängigen **Medikamente** erhältlich, für verschreibungspflichtige Medikamente benötigt man ein ärztliches Rezept.

Mit der **Europäischen Versicherungskarte** oder der provisorischen Ersatzbescheinigung bekommt man die Kosten für medizinisch notwendige Behandlungen direkt am Aufenthaltsort oder innerhalb kurzer Zeit nach der Rückkehr erstattet. Die Europäische Versicherungskarte stellt die gesetzliche Krankenkasse aus. Bei Privatbehandlungen erstattet die Krankenkasse nur die Kosten in Höhe des deutschen Leistungskatalogs. Der Abschluss einer zusätzlichen privaten **Auslandskrankenversicherung** ist

Reinecke-Fuchs: zu Hause im Lahemaa-Nationalpark

deshalb ratsam. Schutzimpfungen sind nicht vorgeschrieben, bei Wanderungen oder Radtouren außerhalb der Städte ist u. U. eine Zeckenimpfung empfehlenswert. Weitere Infos unter www.zecke.de, www.travelnet.crm.de.

Haustiere

Katzen und Hunde benötigen zur Einreise einen EU-Heimtierpass mit einer gültigen Tollwut-Impfbescheinigung. Tiere müssen durch einen elektronischen Mikrochip oder eine deutlich lesbare, vor dem 3. Juli 2011 angebrachte Tätowierung identifizierbar sein.

Hunde müssen an der Leine geführt werden und haben Zutritt zu den meisten Stränden. Ein Maulkorb sollte mitgeführt werden. In einigen Hotels sind Hunde gegen Aufpreis erlaubt, in Jugendherbergen sind sie nicht zugelassen.

Klima, Kleidung, Reisezeit

Die Hauptreisesaison ist relativ kurz und dauert von Mai bis September. Tallinn entwickelt sich jedoch immer mehr zum Ganzjahresreiseziel.

In den letzten Jahren waren die Sommer außergewöhnlich warm und trocken, doch mit Regen und kühlen Tagen muss man auch im Sommer rechnen.

Der Wasserfall Jägala juga 25 Kilometer östlich von Tallinn

Die wärmsten Monate sind Juni, Juli und August. Das Klima ist maritim-kontinental, im Winter liegen die Temperaturen zwischen –15 °C und 5 °C, im Sommer zwischen 20 und 30 °C. Die Wassertemperaturen der Flüsse und Seen und der Ostsee steigen im Sommer auf etwa 16–18 °C.

Der Frühling kommt etwas später als bei uns, im September färben sich die Wälder schon wieder herbstlich. Das Klima ähnelt insgesamt dem im südlichen Skandinavien. Frühling und Herbst sind recht mild, im Winter gibt es oft starke Schneefälle. Der Niederschlag ist relativ gleichmäßig über das Jahr verteilt. Wegen der nördlichen Lage Estlands sind im Sommer die Nächte kürzer als bei uns.

Mit Kindern in Estland

Reisen mit Kindern sind in Estland problemlos. In der Regel fallen die Strände flach ab, so dass auch für kleinere Kinder das Plantschen ungefährlich ist. Spezielle Kinderangebote wie Spielplätze und Vergnügungsparks sind besonders auf dem Land allerdings noch recht selten.

Nachtleben

Tallinn hat ein ausgeprägtes Nachtleben, das besonders gerne von den Finnen wegen der günstigen Alkoholpreise wahrgenommen wird. In Tartu und Pärnu ist zwar weniger los, aber auch hier kommt man auf seine Kosten. In kleineren Städten und auf dem Lande sollte man sich keine großen Hoffnungen auf abendliche Unterhaltung machen.

Normen

Es gilt das metrische System, geschrieben wird in lateinischen Buchstaben. Temperaturen werden in Grad Celsius gemessen. Bei der Zählweise von Etagen entfällt das Erdgeschoss, beim Betreten eines Gebäudes befindet man sich auf der 1. Etage.

Öffentliche Verkehrsmittel

Da das Bahnstreckennetz erst langsam wieder aufgebaut wird, sind Busse das bevorzugte Verkehrsmittel. Jede größere Stadt besitzt einen Busbahnhof und fast jedes Dorf ist mindestens ein Mal täglich mit dem **Bus** zu erreichen. Wer das Land mit öffentlichen Verkehrsmitteln erkunden möchte, sollte allerdings erheblich mehr Zeit als Autotouristen einplanen. Mehrmals täglich fahren auch Busse von Tallinn in die Hauptstädte Lettlands und Litauens, Rīga und Vilnius, sowie nach St. Petersburg. Ein einfaches Ticket nach St. Petersburg kostet nur ca. E 15, für die Einreise benötigt man aber ein Visum der Russischen Föderation, das man schon vor Reisebeginn in Deutschland beantragen muss (Botschaft der Russischen Föderation, Unter den Linden 63–65, D-10117 Berlin, ✆ 030-22 65 11 84, www.russische-botschaft.de).

Zwischen Virtsu auf dem Festland und Kuivastu auf der Insel Muhu fahren etwa stündlich Autofähren, von Muhu führt ein Damm auf die Insel Saaremaa.

Von Rohuküla bei Haapsalu steuert mehrmals täglich eine Autofähre den Hafen Heltermaa auf der Insel Hiiumaa an.

Auch zwischen den Inseln Saaremaa und Hiiumaa gibt es eine Autofähre (Hafenort auf Saaremaa Triigi, auf Hiiumaa: Sõru).

Fahrräder kann man problemlos im Zug und auf allen Fähren mitnehmen. In Bussen werden sie, falls Platz vorhanden ist, im Gepäckraum transportiert. Auf den internationalen Buslinien kann das Rad in der Regel nur zerlegt und verpackt transportiert werden.

Öffnungszeiten

In der Regel sind die großen Geschäfte in den Städten Mo–Fr 10–21, Sa/So 10–20 Uhr geöffnet. Viele Lebensmittelgeschäfte haben, auch an Feiertagen, rund um die Uhr geöffnet. Bei kleineren Läden sowie auf dem Land muss man mit einem relativ frühen Ladenschluss rechnen, auch eine Mittagspause ist hier durchaus üblich.

Post

Briefkästen sind gelb und tragen die Aufschrift »Eesti post«. Bei Postämtern, die im Allgemeinen Mo–Fr 8–18 Uhr geöffnet haben, bekommt man Briefmarken. Auch einige Kioske verkaufen Postwertzeichen.

Presse, TV

Deutschsprachige Zeitungen sind nur selten erhältlich, unter anderem auf dem Tallinner Flughafen, allerdings nur mit einiger Verspätung. In vielen Hotels kann man deutsche Fernsehsender empfangen, jedoch gibt es oft nur eine beschränkte Programmauswahl.

Sicherheit

In den großen Städten, in Städten mit internationalem Seehafen und über Nacht sollte man das Fahrzeug möglichst auf bewachten Parkplätzen *(Valvega autoparkla)* abstellen. Ansonsten sollte man das Fahrzeug immer abschließen und keine Wertsachen darin lassen. Vor Reiseantritt sollte man sich bei seiner Autoversicherung nach Einschränkungen oder Zusatzversicherungen für die baltischen Länder erkundigen.

Wertsachen nicht im Hotelzimmer lassen, sondern besser im Hotelsafe einschließen. Ansonsten ist Estland ein recht sicheres Reiseland, wenn man die üblichen Vorsichtsmaßnahmen beherzigt.

Sport und Erholung

Estland ist wegen seiner weitgehend intakten Natur und der vergleichsweise dünnen Besiedlung ein ideales Urlaubsland für Naturliebhaber und Aktive. Wandern, Radfahren, Kanufahren, Segeln oder Surfen, die Sportmöglichkeiten sind äußerst vielfältig. Allerdings kann man vielerorts noch nicht die perfekte Infrastruktur erwarten. In den letzten Jahren hat sich das Angebot zwar deutlich verbessert, aber der Verleih von teuren Sportgeräten wie Surfbrettern oder Segelbooten steckt immer noch in den Kinderschuhen. Ruderboote kann man dagegen an vielen Orten ausleihen. Wer keine Mühe mit der Organisation haben möchte, kann sich einem der vielen Spezialreiseveranstalter anschließen, die ein vielfältiges Sportprogramm im Angebot haben.

Angeln:
Mit fast 4000 km Küstenlinie, rund 1400 Seen und 3000 Flüssen besitzt Estland ideale Voraussetzungen für Angler. In den Flüssen und Seen wimmelt es vor Fischen. In Privatgewässern darf nur mit Erlaubnis des Eigentümers geangelt werden. Ansonsten ist das Angeln mit einem gebührenpflichtigen Angelschein erlaubt. Angelscheine und Informationen über Grenzen, Angelzeiten und Fischarten erteilen die lokalen Stellen des Umweltschutzministeriums, die Amateuranglervereine und die örtlichen Touristenbüros.

Brandungsangeln an der Ostsee: geangelt wird auf Meerforelle

Einige Angelvereine:

Tallinna kalaspordi klubi
Pärnu mnt 41
10119 Tallinn
✆ 644 46 90

Pärnu kalastajate klubi
Suur-Kuke 5
80018 Pärnu
✆ 443 83 69

Paide linnavalitsus
Keskväljak 14
72711 Paide
✆ 3838600

Golf:
Golf zählt noch zu den jungen Sportarten in Estland, die Anzahl der Golfplätze ist deshalb noch vergleichsweise gering.

Estonian Golf & Country Club, 18-Loch-Platz, 25 km östlich von Tallinn (www.egcc.ee).
Tallinn Golfclub – Niitvälja, 18-Loch-Platz, 25 km südwestlich von Tallinn (www.niitvaljagolf.ee)).
Ridala Golf, 18-Loch-Platz, Haapsalu (www.haapsalugolf.ee).

Kanufahren:
Die am einfachsten zugänglichen Reviere befinden sich in den National- und Naturparks. Dort gibt es auch die besten Möglichkeiten Boote zu leihen. Eines der interessantesten Kanureviere ist der **Soomaa-Nationalpark** östlich von Pärnu. Folgt man dem Fluss Pärnu flussaufwärts bis nach Tori und fährt dann noch 20 km weiter bis zu dem kleinen Dorf Tipu, erreicht man das Besucherzentrum. Hier bekommt man Informationen und kann organisierte Touren buchen (Infos unter www.soomaa.com).

Auch die küstennahen Gewässer eignen sich hervorragend für Kajaktouren. Die **Kolgabucht** befindet sich teils im Lahemaa-Nationalpark und ist der inselreichste Abschnitt der nordestnischen Küste. Wegen der zahlreichen Seevögel wurde hier ein Landschaftsschutzgebiet eingerichtet. Mit dem Kajak kann man von Kaberneeme die **Inseln Koipsi, Rammu, Rohusi und Umblu** erkunden. Auf einer eintägigen Kajakwanderung, die im Hafen Salinõmme auf der Insel Hiiumaa beginnt, paddelt man zu den **Eilanden Saarnaki und Hanikatsi** und lernt mit einem Naturführer das Naturschutzgebiet kennen.

Die **westestnische Inselgruppe** besteht aus den großen Inseln Saaremaa, Hiiumaa, Vormsi und Muhu, dazwischen liegen unzählige kleine und kleinste Eilande. Da das Meer zwischen diesen Inseln überwiegend flach und geschützt ist, kann man hier ausgedehnte Touren mit dem Seekajak unternehmen. Die flachen und offenen Naturstrände sind in Ihrer Form sehr vielseitig, so findet man wunderschöne, flache Sandstrände, Strände mit kleinen, flachen Steinen, Wiesen die bis zum Ufer reichen und felszerklüftete Abschnitte. Die westestnische Inselgruppe ist nicht nur Vogelschutzgebiet, hier befindet sich auch einer der größten Liegeplätze von Kegel- und Ringelrobben im Baltikum.

Ein sehr engagierter Veranstalter von Kanutouren ist Reimann Retked, ✆ 511 40 99, www.retked.ee.

Radfahren:
Fast alle Radtouristen, die aus Estland zurückkommen, sind begeistert. Wenig Autoverkehr auf den überwiegend gut ausgebauten Straßen, kaum Steigungen und viel intakte Natur machen das Radfahren zum reinen Vergnügen. Wer nicht mit einem der zahlreichen Spezialreiseveranstalter fahren möchte, sollte seine Tour allerdings genau planen, denn vor Ort sind die Informationsmöglichkeiten manchmal nicht ganz einfach. In Estland existiert zwar schon eine Beschilderung der lohnendsten Fahrradrouten, doch selbst viele Touristenbüros haben noch kein Infomaterial über die Strecken. Vor Ort bekommt man Karten in großen Buchläden oder an Tankstellen, z. B. vom Regio-Verlag, der auch Detailkarten im Maßstab 1:150 000 herausgibt. Gute Informationen bietet auch die Internetseite von BalticCycle (www.bicycle.lt).

Reiten:
Einige Bauernhöfe bieten Reiterferien an, eine gute Informationsquelle ist der Verband »Urlaub auf dem Lande«, der eine Vielzahl von Unterkünften für jeden Geschmack in allen baltischen Ländern vermittelt (www.maaturism.ee).

Auf der Halbinsel Kassari auf Hiiumaa liegt der **Reiterhof Kassari Ratsamakad** (www.kassari.ee).

Der **Bauernhof Kivisaare** ist ungefähr 70 km von Tallinn entfernt (www.jb.ee/ratsatalu).

Der **Gutshof Kohala** liegt rund 120 km von Tallinn in Richtung Narva und bietet vielfältige Reitausflüge und Reiterferien an (www.kohalamois.ee).

Sauna:
Ein Saunagang ist zwar keine sportliche Aktivität, doch wer Estland besucht, sollte sich diesen Spaß nicht entgehen lassen, denn die Esten sind zusammen mit den Finnen die fleißigsten Saunabesucher. Stilvoll und typisch estnisch sind die holzbeheizten Saunen, die zu fast jedem Bauernhof gehören.

Die Schlammbadeanstalt in Pärnu

Vogelbeobachtung:
Immer mehr Ornithologen zieht es im Frühjahr und Herbst nach Westestland. Denn die Matsalu-Bucht an der westestnischen Küste und die beiden Inseln Hiiumaa und Saaremaa mit ihrem dichten Schilfbestand und den angrenzenden Feuchtwiesen gehören zu den wichtigsten Raststationen der Zugvögel. Zur Beobachtung gibt es zahlreiche Türme.

Wellness/Kuren:
Die estnischen Kurorte **Kuressaare, Haapsalu, Pärnu, Toila und Narva-Jõesuu** haben eine lange Tradition. Vor allem Kuren mit Heilschlamm erfreuen sich großer Beliebtheit, die zur Behandlung von Muskel- und Gelenkerkrankungen sowie zur Linderung von chronischen Entzündungen und Hautkrankheiten angewandt werden. Alle Kurorte verfügen heute über moderne Kur- und Rehaeinrichtungen unter ärztlicher Aufsicht.

Eines der modernsten und komfortabelsten Kurhotels ist das **Spa Rüütli in Kuressaare** auf Saaremaa (Pargi 12, ✆ 454 81 00, www.sanatoorium.ee).

Strände

Baden kann man in vielen Binnenseen und an unzähligen Stellen der Küste. Besonders schön ist der kilometerlange Sandstrand in der **Bucht von Pärnu**, auch der Küstenabschnitt westlich von Pärnu hat einige sehr schöne Sandstrände zu bieten. Ebenfalls lohnend ist der **Lahemaa-Nationalpark**, ein längerer Sandstrand befindet sich bei dem kleinen Dorf Võsu. Doch auch entlang der buchtenreichen Küste findet man immer wieder kleinere sandige Abschnitte. Bei dem kleinen Kurort Toila an der Nordküste zwischen **Kohtla-Järve und Narva** gibt es unterhalb der Steilküste einen Sandstrand.

Einsam und ursprünglich ist das **Nordufer des Peipsisees**. Hier warten endlose Sandstrände, die von Dünen und Wäldern begleitet sind. Viel kleiner, aber nicht minder reizvoll präsentiert sich der **Pühasee** im Landesinnern bei Otepää. Häufig fallen die Strände der Ostsee und auch die am Peipsisee sehr flach ab, so dass man ein gutes Stück hinein laufen muss, bevor man schwimmen kann.

Strom

Netzspannung: 220 V, 50 Hz. Euro-Norm-Stecker (dünner, flacher Stecker, ohne Schutzkontakt) passen, Stecker mit Schutzkontakt funktionieren nicht immer.

Telefonieren

Öffentliche **Telefonzellen** sind zahlreich vorhanden und funktionieren mit Telefonkarten, die man in größeren Geschäften, bei Tankstellen und an Kiosken kaufen kann. Teilweise kann man auch schon mit der Kreditkarte telefonieren.

Die Ortsvorwahl ist in den siebenstelligen estländischen Telefonnummern schon enthalten. Die englischsprachige Auskunft ist unter ✆ 1182 zu erreichen. Es gelten die internationalen **Vorwahlnummern:** Deutschland ✆ +49, Österreich ✆ +43, Schweiz ✆ +41, Estland ✆ +372, Lettland ✆ +371, Litauen ✆ +370.

Mobiltelefone sind in Estland sehr verbreitet, die Netzabdeckung ist gut. Roaming-Abkommen mit deutschen Mobilfunk-Betreibern bestehen.

Billiger ist allerdings das Telefonieren mit Prepaid-Karten, die in vielen Geschäften und Kiosken erhältlich sind. Für etwa € 20 erhält man eine SIM-Karte, deren Guthaben man verbrauchen und mit Wertkarten auch wieder aufladen kann. Mit der Karte erhält man eine Telefonnummer, mit der man während des Aufenthaltes in Estland SMS verschicken und telefonieren kann und auch erreichbar ist. Die Bedienungsanleitungen sind in Estnisch und Russisch, oft aber auch in Englisch.

Trinkgeld

Ein Trinkgeld von 5–10 % für guten Service ist im Restaurant durchaus üblich. Auch Taxifahrer und Zimmermädchen freuen sich über ein Extra.

Unterkunft

Hotels:
In den letzten Jahren sind viele neue Hotels gebaut worden, bereits bestehende wurden saniert und dem westlichen Standard angepasst. Mit dem Komfort sind allerdings auch die Preise gestiegen, in Tallinn haben sie mittlerweile schon westeuropäisches Niveau erreicht. Wer innerhalb der Altstadtmauern wohnen möchte, sollte rechtzeitig buchen, denn das Zimmerangebot ist begrenzt. In kleineren Städten und selbst auf dem Lande findet man mittlerweile komfortable und teils noch preiswerte Hotels.

Auch viele alte Gutshöfe wurden wieder instand gesetzt und bieten Übernachtungsmöglichkeiten in einem wunderschönen Ambiente zu durchaus erschwinglichen Preisen.

Jugendherbergen:
Die estnischen Jugendherbergen sind der International Youth Hostel Association angeschlossen, der internationale Jugendherbergsausweis ist gültig. Infos zu den Jugendherbergen in Estland, Lettland und Litauen gibt es unter www.baltichostels.net.

Camping:
Jedes Jahr kommen neue Plätze mit gutem Standard hinzu, die die sehr einfach ausgestatteten Campingplätze aus der Sowjetzeit ersetzen. Neue Campingplätze haben oft nicht nur Stellplätze für Wohnmobile und Zelte, sondern vermieten auch kleine Holzhütten. In den Nationalparks gibt es oft mehrere Plätze in wunderschöner Lage mitten im Wald oder an einem der Seen oder Flüsse. Die Infrastruktur besteht allerdings nur aus einem Toilettenhäuschen, manchmal ist ein Wasserhahn vorhanden. Auch auf Bauernhöfen ist preiswertes Übernachten oder Zelten möglich. Außerhalb der Nationalparks wird freies Campieren, wie in den skandinavischen Ländern, toleriert. Eine Auflistung der Campingplätze in Estland findet man auf der Website der Baltischen Tourismus Zentrale (www.baltikuminfo.de).

Privatunterkünfte:
Eine der besten Möglichkeiten, Land und Leute kennenzulernen, sind private Unterkünfte auf Bauernhöfen. Angeboten werden Zimmer, Ferienwohnungen und Ferienhäuser. Eine herzliche Aufnahme in der Familie, hausgemachtes Essen, eine Sauna – und ein wenig Entdeckermentalität – gehören zu dieser Art Urlaub in der Regel dazu. Der Standard ist sehr unterschiedlich, man sollte sich deshalb sehr genau die Beschreibung durchlesen, um Enttäuschungen zu vermeiden.

Viele Privatunterkünfte liegen auf dem Lande und sind manchmal nicht ganz einfach zu finden. Auch spricht noch nicht jeder Vermieter Englisch oder Deutsch, was die Kommunikation ein wenig erschwert. Angebote sind auf folgender Website zu finden: www.maatourism.ee.

Zeitzone

Die Zeitdifferenz zu Deutschland beträgt in Estland plus 1 Stunde. Auf Sommerzeit wird wie in Deutschland umgestellt.

Zoll

Seit Estland EU-Mitglied ist, sind die Grenzen für Alkohol und Tabak so hoch, dass man das Kontingent wohl kaum ausschöpfen wird. Reisende über 18 Jahre aus EU-Ländern dürfen folgende Mengen nach Estland einführen: 800 Zigaretten, 400 Zigarillos, 200 Zigarren, 1 kg Tabak und 1 kg Kautabak. Außerdem an Alkohol: 90 l Wein, 110 l Bier, 10 l hochprozentige Alkoholika und 20 l alkoholische Getränke, die weniger als 22 % Alkohol enthalten. ■

Die wichtigsten Wörter für unterwegs

Das Estnische ist eine finno-ugrische Sprache, die mit dem Finnischen, aber nicht mit dem Slawischen verwandt ist. Für uns klingt sie sehr fremd und ist deshalb nicht leicht zu erlernen. Auch die Grammatik hält schon allein wegen der 14 vorkommenden Fälle einige Tücken bereit. In der Regel enthalten die Wörter viele Vokale und werden fast immer auf der ersten Silbe betont. Dekliniert und konjugiert wird durch Anhängen von Silben an den Wortstamm.

Als Faustregel für die Aussprache kann man sich merken, dass im Estnischen anders als im Deutschen alles so gesprochen wie es geschrieben wird. Doppelvokale werden lang und Doppelkonsonanten hart ausgesprochen, sogar das »h« wird auch innerhalb des Wortes mitgesprochen.

In den letzten Jahren hat das Russische als Fremdsprache stark an Bedeutung verloren. Heute lernen die meisten Kinder in der Schule Englisch, deshalb kommt man bei jüngeren Esten – speziell in den Städten – mit Englischkenntnissen ganz gut weiter. Auf dem Lande kann die Verständigung ohne Russischkenntnisse etwas schwierig sein. Einige Esten sprechen auch Deutsch. Wer einige Worte Estnisch beherrscht, ist sich der Sympathien sicher.

Wichtige Begriffe und Redewendungen

ja/nein	*ja/ei*
Guten Morgen!	*Tere hommikust!*
Guten Tag!	*Tere päevast!*
Guten Abend!	*Tere õhtust!*
Hallo!	*Tere!*
Auf Wiedersehen!	*Nägemist/Head aega!*
Tschüss!	*Nägemist!*
Danke.	*Aitäh, tänan.*
Bitte.	*Palun.*
Gern geschehen.	*Meeleldi.*
Entschuldigung!	*Vabandust!*
Schade!	*Kahju!*
Prost!	*Terviseks!*
Guten Appetit!	*Head isu!*
Entschuldigen Sie ...	*Palun vabandust ...*
Sprechen Sie Englisch?	*Kas te räägite inglise keelt?*
Sprechen Sie Deutsch?	*Kas Te räägite saksa keelt?*
Ich verstehe nicht.	*Ma ei saa aru.*
Wie bitte?	*Kuidas palun?*
Können Sie mir bitte helfen?	*Kas Te aitaksite palun?*
Woher kommen Sie?	*Kust Te pärit olete?*
Ich komme aus Deutschland.	*Mina tulen Saksamaalt.*
Ich heiße ...	*Minu nimi on ...*
Ich möchte gerne ...	*Ma soovin ...*
Hilfe!	*Appi! Aidake!*
Arzt	*arst*
Kinderarzt	*lastearst*
Zahnarzt	*hambaarst*
Krankenhaus	*haigla*

Apotheke	*apteek*
Holen Sie einen Arzt.	*Kutsuge arst.*
Rufen Sie einen Krankenwagen.	*Kutsuge kiirabi.*
Ich habe hier Schmerzen.	*Mul on siin valud.*
Ich habe Durchfall.	*Mul on kõht lahti.*
Was/wo ist ...?	*Mis/ kus on ...?*
Wo finde ich ...	*Kus siin on ...*
... ein Kaufhaus?	*... kaubamaja?*
... ein Lebensmittelgeschäft?	*... toidupood?*
... eine Bäckerei?	*... pagariäri?*
... einen Markt?	*... turg?*
... eine Buchhandlung?	*... raamatupood?*
Postamt	*postkontor*
Briefmarke	*kirjamark*
Postkarte	*postkaart*
Briefkasten	*postkast*
Wo ist bitte ...	*Kus asub ...*
... die nächste Bank?	*... lähim pank?*
... der nächste Geldautomat?	*... lähim rahaautomaat?*
Haben Sie ...?	*Kas Teil on ...?*
Das gefällt mir/nicht.	*See meeldib mulle/ei meeldi mulle.*
Nehmen Sie Kreditkarten?	*Kas krediitkaardiga saab maksta?*

Ich hätte gern ...	*Ma sooviks ...*
Wie viel?	*Kui palju?*
Was kostet das?	*Kui palju see maksab?*
billig	*odav*
teuer	*kallis*
geöffnet	*avatud*
geschlossen	*suletud*
drücken	*lükka*

Charakteristisch für die Küste in Nordestland: eine Bruchstufe aus Grünschiefer, dem sogenannten Glint

ziehen	*tõmba*
Eingang	*sissepääs*
Ausgang	*väljapääs*
Wo sind die Toiletten?	*Kus asuvad tualetid?*
Damen	*daamid/naised*
Herren	*härrad/mehed*

Wochentage

Montag	*esmaspäev*
Dienstag	*teisipäev*
Mittwoch	*kolmapäev*
Donnerstag	*neljapäev*
Freitag	*reede*
Samstag	*laupäev*
Sonntag	*pühapäev*

heute	*täna*
morgen	*homme*
gestern	*eile*
täglich	*iga päev*
morgens	*hommikuti*
mittags	*lõunati*
abends	*õhtuti*
nachts	*öösiti*

Minute	*minut*
Stunde	*tund*
Tag	*päev*
Woche	*nädal*
Monat	*kuu*
Jahr	*aasta*
jetzt	*praegu*
Wann?	*Millal?*
Wie spät ist es?	*Mis kell on?*
Es ist um zwei.	*Kell on kaks.*
Es ist halb zwei.	*Kell on pool kaks.*

Zahlen

0	*null*
1	*üks*
2	*kaks*
3	*neli*
5	*viis*
6	*kuus*
7	*seitse*
8	*kaheksa*
9	*üheksa*
10	*kümme*
11	*üksteist*
12	*kaksteist*
13	*kolmteist*
14	*neliteist*
15	*viisteist*
16	*kuusteist*
17	*seitseteist*
18	*kaheksateist*
19	*üheksateist*
20	*kakskümmend*
30	*kolmkümmend*
40	*nelikümmend*
50	*viiskümmend*
60	*kuuskümmend*
70	*seitsekümmend*
80	*kaheksakümmend*
90	*üheksakümmend*
100	*sada*
200	*kakssada*
1000	*tuhat*
ein halb	*pool*
ein Drittel	*neljandik*

Unterwegs

Wo?	*Kus?*
Wohin?	*Kuhu?*
Wie breit?	*Kui lai?*
Autobus	*autobuss*
Taxi	*takso*
Zug	*rong*
Bahnhof	*raudteejaam*
Abfahrt	*ärasõit*
Ankunft	*saabumine*
Aussteigen	*väljuma*
Umsteigen	*ümber istuma*
Tankstelle	*bensiinijaam*
Polizei	*politsei*
weit	*kaugel*
nah	*lähedal*
nach rechts	*paremale*
nach links	*vasakule*
geradeaus	*otse*
Wo bitte ist...	*Palun, kus on...*
... der Flughafen?	*... lennujaam?*
... die Haltestelle?	*... bussipeatus?*
... der Taxistand?	*... taksopeatus?*
... der Campingplatz?	*... kämping?*
... der Busbahnhof?	*... bussijaam?*
Überqueren Sie…	*Ületage...*
… die Brücke	*... sild*
… den Platz	*... plats/väljak*
… die Straße	*... tänav*
See	*järv*
Fluss	*jõgi*
Stadt	*linn*
Dorf	*küla*
Straße	*tänav*
Platz	*plats/väljak*
Haus	*maja*
Rathaus	*raekoda*
Kirche	*kirik*
Schloss	*loss*
Geschäft	*pood, kauplus*
Ticket	*pilet*

Trachten aus Otepää im estländischen Hochland und aus …

… Kolga in Nordestland

Geld	*raha*
Rechnung	*arve*

Hotel und Restaurant

Hotel	*hotell*
Zimmer	*tuba*
Was kostet das Zimmer?	*Kui palju see tuba maksab?*
Bett	*voodi*
Bad	*vannituba*
Schlüssel	*võti*
Doppelzimmer	*kahe inimese tuba*
mit Dusche/Bad	*iruum/vannituba*
Frühstück	*hommikusöök*
Mittag-/Abendessen	*lõuna/õhtusöök*
Restaurant	*restoran*
Kellner	*ettekandja*
Speisekarte	*menüü*
Halbpension	*poole kostirahaga*
Vollpension	*täiskostirahaga*
Nationalgericht	*rahvusroog*
Die Speisekarte, bitte!	*Palun menüüd!*
Ist dieser Tisch/Platz noch frei?	*Kas see koht on vaba?*
Ich bin Vegetarier.	*Ma olen taimetoitlane.*
Die Rechnung, bitte!	*Palun arvet!*
Trinkgeld	*jootraha*
Ich nehme …	*Mina võtaksin…*
Butter	*või*
Brot	*leib*
Suppe	*supp*
Fisch	*kala*
Vorspeise	*eelroog*
Hauptgericht	*pearoog, põhiroog*
Nachtisch	*magusrooog*
Gemüse	*juurvili*
Obst	*puuvili*
Speiseeier	*muna*
Kuchen	*kook*
Messer	*nuga*
Gabel	*kahvel*
Löffel	*lusikas*
Getränke	*joogid*
Bitte ein Glas…	*Palun üks klaas …*
… Mineralwasser	*... mineraalvett*
… Saft	*… mahl*
… Bier	*… õlu*
… Rotwein	*… punane vein*
… Weißwein	*… valge vein*
Auf Ihr Wohl!	*Terviseks!*
Kaffee	*kohv*
Tee	*tee*
Milch	*piim*
Zucker	*suhkur*
Salz	*sool*
Pfeffer	*pipar*
scharf	*terava maitsega*
Fleisch	*liha*
Brötchen	*saiake*
Apfel	*õun*
Birne	*pirn*
Himbeere	*vaarikas*
Pilze	*seened*
Zwiebel	*sibul*
Käse	*juust*
Schweinekotelett	*seakarbonaad*
Spiegeleier	*praemuna*

Die **fetten** Seitenzahlen verweisen auf ausführliche Erwähnungen, *kursiv* gesetzte Begriffe bzw. Seitenzahlen beziehen sich auf den Service.

Bildnachweis

Baltikum Tourismus Zentrale (BTZ), Berlin: Schmutztitel (S. 1), S. 2 o. l., 3 o. r., 4/5, 46, 51, 62, 73, 79, 82
Estonian Tourist Board, Tallinn: S. 19, 24, 26 u., 30 o., 35, 39, 50, 58, 61, 67, 68/69, 87 o., 91
Rainer Hackenberg, Köln: S. 2 o. r., 3 o. Mitte, 31 u., 41, 42 o., 42 u., 43 u., 49, 52, 59 u., 70
Peter Hertrampf, Bremen: S. 29
iStockphoto/Ruhrpix: S. 3 u.
Volkmar E. Janicke, München: S. 53 u., 65
János Kalmár, Wien: S. 36
Christian Nowak, Berlin: S. 3 o. l., 55, 75, 78
Tallinn City Tourist Office & Convention Bureau/Allan Alajaan: S. 10/11; Ain Avik: S. 2 o. Mitte, 16; Toomas Volmer: S. 12 u., 15, 18, 77
Vista Point Verlag (Archiv), Potsdam: S. 6 o., 6 u., 7, 8, 12 o., 20, 22/23, 26 o., 27, 31 o., 32 o., 32 u., 33, 34, 43 o., 45, 53 o., 54, 59 o., 63, 64, 71 u., 72, 74, 76, 81 o., 84, 85 o., 85 u., 87 u., 93 l., 93 r.
www.pixelio.de: S. 30 u., 37, 38 o., 38 Mitte, 38 u., 68, 71 o., 81 u., 88, 89

Schmutztitel (S. 1): Die Türme der mittelalterlichen Stadtbefestigung von Tallinn
Seite 2/3 (v. l. n. r.): Panorama Tallinn, Alexander-Newski-Kathedrale in Tallinn, Fischer am Peipsisee, im Soomaa Nationalpark, Bischofsburg von Kuressaare, Tanzfest in Tallinn, Barockschloss Kadriorg in Tallinn (S. 3 u.)

2., aktualisierte Auflage 2013

Verlegerische Leitung: Andreas Schulz
Reihenkonzeption: Vista Point-Team
Bildredaktion: Andrea Herfurth-Schindler
Textredaktion: Franziska Zielke
Lektorat: derschönstesatz, Köln
Layout und Herstellung: Sandra Penno-Vesper, Kerstin Hülsebusch-Pfau
Reproduktionen: Henning Rohm, Köln
Kartographie: Kartographie Huber, München
Druckerei: Colorprint Offset, Unit 1808, 18/F., 8 Commercial Tower, 8 Sun Yip Street, Chai Wan, Hong Kong

ISBN 978-3-88973-690-0

An unsere Leser!
Die Informationen dieses Buches wurden gewissenhaft recherchiert und von der Verlagsredaktion sorgfältig überprüft. Nichtsdestoweniger sind inhaltliche Fehler nicht immer zu vermeiden. Für Ihre Korrekturen und Ergänzungsvorschläge sind wir daher dankbar.

VISTA POINT VERLAG
Birkenstr. 10 · 14469 Potsdam
Telefon: +49 (0)331/81736-400 · Fax: +49 (0)331/81736-444
www.vistapoint.de · info@vistapoint.de